Buscando la luz

Relato de dos peregrinajes

Ilse Hampe

Bibliografische Information der Deutschen Nationalbibliothek
Die Deutsche Nationalbibliothek verzeichnet diese Publikation
in der Deutschen Nationalbibliografie; detaillierte
bibliografische
Daten sind im Internet über http://dnb.dnb.de abrufbar

©2015 Ilse Hampe
Herstellung und Verlag
BOD – Books on Demand, Norderstedt

ISBN: 9783739225050

Índice

El Camino a Santiago de Compostela
¿Por qué hicimos el Camino? ¿Y por qué en bicicleta?

Desde hacía ya muchos años mi marido Juan me comunicaba su ansiedad por emprender un peregrinaje a Santiago de Compostela. Aunque es ingeniero tiene pasión por la historia y la religión. Su formación humanística la adquirió en colegios de religiosos en su patria natal latinoamericana y la fue ampliando durante sus largos años de vida en Anatolia, por dar un ejemplo. Dedicó mucho tiempo al estudio del Medioevo europeo, especialmente a la época de las Cruzadas. Así llegó a preguntarse por qué los bizantinos, a pesar del apoyo recibido por el resto de la cristiandad, no habían sido capaces de impedir que el Medio Oriente, cuna del cristianismo, fuese ocupado por los turcos y que el islam se estableciera definitivamente allí; mientras en cambio España, prácticamente por sí misma, logró vencer al ocupante árabe, aunque le costara setecientos años de lucha o de Reconquista, hasta quedar finalmente depurada desde el punto de vista étnico y religioso, profesando únicamente la fe católica.

Así descubrió antagonismos entre sucesos históricos del Imperio Otomano y del reino de España: mientras Constantinopla, situada en el extremo este del continente europeo y constituyendo el último bastión cristiano frente a la península de Anatolia, fue tomada en 1453 por Mehmet II el Conquistador, es decir, el islam vence al cristianismo; por otro lado, en la península Ibérica, en el extremo oeste del mismo continente, casi en la misma fecha, ocurre lo contrario porque aquí es el cristianismo el que vence al islam: en 1492 Granada cae en manos de los Reyes Católicos, punto final de la Reconquista. En cambio, siglos más tarde ocurren hechos paralelos: en 1918, al término de la Primera Guerra Mundial, los Aliados despojan al imperio otomano de sus últimos territorios, reduciéndolo a la actual Turquía, mientras que, sólo dos décadas antes, en 1898, después de la guerra con los Estados Unidos, España pierde las colonias restantes de su antiguo poderío: Cuba, Filipinas y Puerto Rico.

A estas inquietudes intelectuales, a nosotros se nos sumaban costumbres de otra índole: todos los años, desde 1991, solíamos hacer una gira en bicicleta de una semana en Alemania.

7

Junto con nuestros hijos, cada uno en su biciclo de ciudad, de entre tres y siete cambios, acostumbrábamos recorrer un total de 350 kilómetros. Rodábamos un promedio de 60 kilómetros diarios, parábamos a visitar los puntos de interés en las pequeñas ciudades sobre nuestra ruta y pernoctábamos en los hospedajes que nos salían al encuentro, por lo general hosterías muy agradables. En las mochilas atadas a las bicicletas transportábamos lo indispensable para el viaje. El grado de dificultad de estos caminos, eso sí, era bajo. Elegíamos siempre rutas fáciles, es decir, en lo plano. Evitábamos las regiones montañosas, especializándonos en el seguimiento de ríos, además, siempre en dirección hacia la desembocadura de estos, aprovechando el pequeño declive, al igual que las vías fluviales. Así bordeamos los ríos Weser, Altmühl, Danubio y Drau (en Austria) y además todo el Lago de Constanza.

El Camino a Santiago de Compostela, sin embargo, no tenía paradigma en nuestras experiencias pasadas. Peregrinar a Santiago sería el viaje más osado de todos los realizados hasta esa fecha. El trecho entre Roncesvalles y Santiago, comparado con los que habitualmente lográbamos recorrer, representa más del doble en distancia y en tiempo. Dos semanas pedaleando me parecían agotadoras y no me tentaban en lo más mínimo. Por consiguiente, el viaje no llegó a concretarse y recién después de una estadía de tres años en Buenos Aires, a comienzos del nuevo milenio, volvió a revivir la idea en el año 2000.

Comenzamos a buscar intensamente literatura acerca del peregrinaje. El material informativo enviado por la Oficina de Turismo de España nos mostró claramente las dificultades relacionadas con este emprendimiento: desde los Pirineos hasta la costa gallega, a lo largo de 800 km, se extiende una región montañosa con desniveles que llegan hasta unos 800 metros. Desde el pueblecito de Roncesvalles, a 960 m sobre el nivel del mar, situado en la frontera con Francia, hasta Santiago de Compostela a 260 m, casi al borde del Finisterre, del fin del mundo, tendremos que atravesar los montes de Oca, subiendo a Las Cruces de Fuente Carnero a 1135 m, luego pasaremos el monte Irago con el Puerto de La Cruz de Hierro a 1500 metros y superaremos el monte Cebreiro con el Alto del Poio a 1300 m, por nombrar los más difíciles. Por otro lado, en los llanos de Castilla y León, esta vez sin cuestas fatigantes, en un trecho de unos 150 kilómetros, entre

Burgos y Astorga, la meseta no ofrece ningún resguardo contra el sol implacable del mediodía ni contra el viento helado de la mañana.

Ante estos impedimentos, mi comentario fue: *"Es demasiado difícil para nosotros. A pie no me atrae ir, y para hacerlo en bicicleta nos falta entrenamiento."*

A mediados del 2000 Juan iba a cumplir 65 años y llegaba al final de su vida laboral. Vida errante, vida inquieta, vida de forastero, arreado por el mundo de proyecto en proyecto; nuestros diferentes domicilios habían marcado sobre el globo algo así como una sirga peregrina. A Juan le horrorizaba la idea de finalizar súbitamente la vida de trotamundos. Por eso, este plan no representaba simplemente un viaje más, sino un peregrinaje en el sentido estricto de la palabra. Hasta este momento, el lugar de destino impuesto por la compañía había tenido poca importancia, en cambio, esta vez se trataba de un peregrinaje religioso con un destino concreto. Más importante que la meta era el *camino*. Y Juan solía repetirme las palabras de Cristo a sus discípulos: *"Quien quiera seguirme, que se desdiga a sí mismo, cargue su cruz y sígame"* (Lucas 9, 23 y Mateo 16, 24). Es fácil comprender que emocionalmente esta asociación es más intensa en lugares con relación a la vida y obra del Señor.

El Camino de Santiago es el Camino de las Estrellas que comienza en el Mar del Norte, pasa por la tumba de Carlomagno en Aquisgrán, Alemania, y describe un arco por encima de la provincia de Navarra para llegar hasta la tumba del apóstol en Compostela. ¡Marchar acompañado por las estrellas de la Vía Láctea! ¿Qué otros motivos pueden inducir a recorrer esta ruta tan penosa? ¿Devoción, curiosidad, añoranza, nostalgia? Juan quizás esperaba que el camino le revelase respuestas a los interrogantes de nuestra vida, como el sentimiento de angustia, la incertidumbre del ser, lo perecedero del existir y la ilusión que se hace el hombre con su vida y con este mundo. Además a Juan siempre le ha gustado la aventura; caballero errante como el Quijote ¿o quizás, en busca del Grial como Parsifal? ¿Se imaginaba así este viaje?

Entremedio a Juan le habían detectado una necrosis en la cadera, lo que significaba una rotunda prohibición de largas marchas a pie. En cambio, la opción de la bicicleta no presentaba contraindicación médica.

Pero no era cuestión de emprender la ruta así no más. Esta meta necesitaba preparación. Juan comenzó a entrenarse con regularidad en un gimnasio y durante las seis últimas semanas anteriores al peregrinaje nos unimos a un club de ciclismo para hacer recorridos de entre cincuenta y noventa km en un día. Por otra parte, yo tuve que comprarme una bicicleta con 24 cambios, condición sine qua non para subir las cuantiosas colinas del camino.

La compra de la bicicleta no deja de tener su toque de magia. Como por mi bicicleta de marca, una Kettler, el vendedor solo me ofrece treinta euros en parte de pago por una nueva, me voy ofendidísima a buscar otra opción. Encuentro una KTM usada, liviana, con suspensión delantera, de hombre, es decir, de mayor estabilidad que las de mujer, por doscientos euros. Doy unas vueltas y, sin titubear más, me la llevo. A los pocos días, en una de esas giras en grupo, se me acerca un señor en su bicicleta y, después de mirar mi biciclo muy detenidamente, me pregunta:

— *¿No será esta mi bicicleta?* — *Bueno, señor*—le contesto— *mire, que yo he pagado por ella y poseo el comprobante en mi casa.*

¡En qué lío me metí! —pensaba yo. *—¿Será a fin de cuentas un objeto hurtado?*

Pero, por suerte, se aclara el misterio. El ciclista me pregunta, si por casualidad he adquirido la bici en la tienda X, y yo le contesto afirmativamente. Pues resulta que él era — o más bien había sido — el dueño de mi KTM, la que había dejado en consigna en esa tienda. Así, en una ciudad de más de un millón de habitantes, por pura casualidad, el vendedor encuentra al comprador de su artículo, como a la aguja en el pajar. El exdueño se alegró mucho con esta novedad, ya que de esta manera se enteró de la venta de su bicicleta, información que el negociante había callado sigilosamente, al igual que la disponibilidad de su dinero…

Aparte de estas excursiones por los alrededores montañosos de Múnich para fortificar el cuerpo nos surtimos de literatura relacionada con los aspectos culturales del Camino para fortalecer también el entendimiento.

Preparados así física y psíquicamente, Juan y yo viajamos en avión a Madrid y el 23 de julio del 2000 en tren de allí a Pamplona y a continuación en taxi a Roncesvalles, siempre en compañía de nuestras bicicletas y sus rozagantes mochilas.

Motivo general para hacer el Camino

¿Santiago, quién era? Santiago, así se llama en castellano Sanct Jacobus, uno de los doce apóstoles de Jesucristo. Jacobus, nombre judío latinizado, en hebreo significa *el que sujeta el talón*, en sentido figurado *el que expulsa, el que desaloja*. El nombre Jacobo o Jacob también existe en nuestra lengua bajo la forma de Jaime, Iago y Diego. «Sanct Jacobus», pronunciado en latín y en voz alta, suena en español como «San Iago» o «San Diego». Así se produjo en español, como única lengua, la contracción del «san» con el nombre propio. En alemán se le llama Sankt Jakob, en inglés Saint James, en francés Saint Jacques y en italiano San Giacomo.

En el siglo IX, cuando Carlomagno era emperador del Sacro Imperio Romano Germánico y Alfonso II El Casto rey de Asturias, ocurre en Galicia un hecho que sacude las pasiones del mundo cristiano. En el lejano oeste europeo, ahí donde un pequeño reino lucha contra los asaltos de las huestes musulmanas, se ha encontrado el sepulcro de Santiago el Mayor. Esta tumba se convierte en corto tiempo en un centro de veneración y peregrinaje tan importante que llega a competir con Jerusalén y Roma. Tan es así que un escritor árabe de la época, Algazal, describe la iglesia de Santiago como la Caaba de los cristianos.

Apenas se tuvo noticia del descubrimiento acontecido en aquel reino español, en la Europa cristiana comenzaron a surgir relatos sobre la llegada de Santiago a la península ibérica, sobre su obra evangelizadora allí y sobre su regreso milagroso desde Judea a las costas de Galicia después del martirio sufrido en Tierra Santa. A medida que pasaba el tiempo y crecía el número de peregrinos, las leyendas fueron sufriendo cambios, recibieron añadidos y se decoraron con hechos milagrosos del Apóstol, ejecutados por él para el bien de los creyentes.

En el siglo doce, tres peregrinos — Aiméric Picaud, Olivier d'Iscans y su acompañante Gerberga, una flamenca — llevan a Compostela una copia del *Liber Sancti Jacobi*, también llamado *Codex Calixtinus* por contener un prólogo atribuido al Papa Calixto II. Este manuscrito, en exposición actualmente en el museo de la catedral de Santiago, contiene informaciones y textos de importancia para el peregrinaje:

- obras litúrgicas en honor a Santiago
- libro de los milagros
- libro del traslado (del cadáver de Santiago desde Judea a las costas gallegas)
- historia de Carlomagno y Rolando, también conocido como pseudo Turpín y
- la guía del peregrino

Esta obra de cinco tomos va a contribuir contundentemente al auge del Camino, porque le brinda al peregrino informaciones para su largo viaje, de un año en algunos casos. Claro está que eran pocos los que en el Medioevo podían adquirir un libro, artículo de lujo extremadamente costoso en aquel entonces.

En el siglo trece, Jacobo de Vorágine, basándose en el *Codex Calixtinus* y en otras leyendas, escribe *La leyenda áurea*. El autor relata en su obra que, después de la muerte de Cristo, al pescador de Galilea apodado «Santiago el Mayor», hijo de Zebedeo y hermano de San Juan el Evangelista, le corresponde ir a evangelizar los pueblos paganos de las lejanas provincias romanas en Hispania. Años más tarde, frustrado por el fracaso de su misión, regresa a Jerusalén. Aquí predica nuevamente el evangelio, desatando el odio del pueblo judío. El Sumo Sacerdote subleva al pueblo y conduce a Santiago ante el rey de los judíos para que sea juzgado. En aquel tiempo reinaba en Judea Herodes Agripa, nieto de Herodes el Grande, responsable de la *degollación de los niños inocentes,* crimen con el que esperaba eliminar al que podría despojarlo del trono. Herodes Agripa condena a muerte a Santiago, imitando a su tío Herodes Antipas, Tetrarca de Galilea, tristemente célebre por haber juzgado a Cristo. Según la leyenda, Santiago fue decapitado el 25 de julio del año 44.

Dos de sus discípulos, Atanasio y Teodoro, rescatan el cadáver, lo trasladan al puerto de Haifa y en una simple barca atraviesan todo el Mediterráneo y llegan milagrosamente a Hispania, a las costas gallegas. En una piedra del atracadero del puerto de Iría Flavia amarran la embarcación con los restos del apóstol. En memoria de esta piedra se sustituyó el antiguo nombre del puerto por el de Padrón que significa piedra. Esta roca se exhibe aún hoy en día en la iglesia de la ciudad.

Las diferentes versiones de lo que sucedió con los restos mortales del Santo después de su llegada a Iría Flavia difieren entre sí. Una de ellas cuenta que los dos discípulos acudieron a la reina de la comarca a solicitar el permiso para dar una sepultura digna al mártir. La astuta reina, de pura maldad y por desprecio a la fe cristiana, intentó engañarlos, ofreciéndoles una carreta con toros bravíos, que les entregó como si fueran bueyes mansos. Pero ante carga tan sagrada, los toros salvajes se convirtieron en animalillos dóciles hasta que en un momento determinado detienen su marcha negándose a proseguir. Esta actitud fue interpretada como señal divina, que significaba que el Santo quería ser enterrado en ese lugar. La reina, estupefacta ante este prodigio, no vaciló un instante en convertirse al cristianismo y además mandó erigir un templo para dar acogida al cadáver del apóstol. Los dos discípulos continuaron su obra evangelizadora y a su muerte fueron enterrados al lado de Santiago. Hasta aquí *La leyenda áurea.*

Mientras el librepensador del siglo XXI reclama a gritos un comprobante histórico de tales hechos, es precisamente su carencia la que movía al hombre del Medioevo. Esta increíble leyenda aunada al conocimiento de los milagros realizados por Santiago concordaba con la fama del Santo y con la omnipotencia del Señor. También para el peregrino moderno, Santiago de Compostela ha conservado su trascendencia y los millones que se acercan a venerar al Apóstol son la prueba de que esta localidad sigue siendo un centro de devoción cristiana.

Aquí cabe preguntarse: ¿Por qué nació la leyenda de Santiago en el siglo IX y por qué en el reino de Asturias? ¿Por qué encontró el culto tanta aceptación y en tan corto tiempo que la afluencia de peregrinos en el siglo XII congestionaba el Camino? ¿Cómo había llegado el cadáver de Santiago a España? Hasta antes del siglo VII ninguna crónica menciona que Santiago haya estado en la península. Por el contrario, el *Catálogo de los Apóstoles,* que comenzó a difundirse a mediados del siglo VII, informa que Santiago había sido enterrado en Cesarea o en Marmarica, la primera situada en Palestina, la otra en la Cirenica, actualmente Libia.

Vale recordar que — al igual que en otras provincias del Imperio Romano — en Hispania, los Cristianos sufrieron persecuciones, especialmente en los tiempos de Valeriano y de Diocleciano. Más tarde, después de la caída de este Imperio, los pueblos bárbaros invadieron y saquearon la península que finalmente cayó bajo el dominio de los visigodos. Durante estos siglos de persecuciones y de invasiones, ¿íbase acaso perdiendo el conocimiento de la existencia del santuario como lo afirma la leyenda? Trescientos años más tarde, cuando Don Rodrigo — el último rey visigodo — fue derrotado por las huestes árabes en el año 710, la tumba del Apóstol, si alguna vez la hubo, había caído completamente en el olvido.

Don Rodrigo y sus partidarios se ven obligados a refugiarse en las montañas de Asturias donde comenzaron a organizar la resistencia. Por este tiempo se van a divulgar por primera vez los *Comentarios al Apocalipsis* del monje Beatus que describe cómo y cuándo Santiago el Mayor había estado predicando en España. Estos conocimientos vigorizan la esperanza de que Santiago no va a permitir que este pueblo caiga en manos de los infieles porque él mismo ha sido quien lo ha cristianizado. La señal divina que Asturias necesita urgentemente se la proporciona finalmente la estrella de Compostela.

Esta se presenta como una luz resplandeciente acompañada de cantos misteriosos descubiertos por un ermitaño y comunicados a Teodomiro, el obispo de Iría Flavia, quien ordena excavar en el sitio indicado, el de la actual Compostela. Pero en este lugar había habido antiguamente una población romana, *Arcis Marmoricis*, con sus baños, sus mausoleos y su cementerio. No es de extrañar, por lo tanto, que en el camposanto se haya encontrado un sepulcro de mármol (¡en un pueblo que lleva este material en su denominación!) con un cadáver que fue identificado como el del apóstol. El descubrimiento fue comunicado al rey Alfonso II El Casto, quien declaró patrón al santo y ordenó edificar un santuario en el lugar. Dicho sea de paso, el nombre Compostela se deriva de *compostum* y *compostela* que significa «cementerio» y no de *campus stella*, el «campo de la estrella» como afirman algunos.

No hay que olvidar el valor que ya poseían las reliquias de santos. ¡Aquí se trataba nada menos que de un apóstol del Señor! Consideremos también la idiosincrasia del Medioevo: en una representación pictórica, aquel que era dibujado más cercano a Cristo era el personaje de mayor importancia. ¡Y Santiago

15

pertenecía junto con Pedro en Roma y Juan en Efesos al círculo de la más estricta intimidad de Cristo! Por consiguiente, Compostela, al poseer la reliquia completa de Santiago, pretende una sede apostólica dentro del cristianismo que, más adelante, Roma va a recelar, propagando los peregrinajes a Jerusalén, las famosas Cruzadas, para quitarle importancia a Santiago de Compostela y también para desviar ofrendas y legajos hacia Roma.

La iglesia en Santiago pronto va a resultar demasiado pequeña y será reemplazada por una mayor que a su vez será destruida por el rey moro Almanzor.

En la lucha del islam versus el cristianismo, el culto a Santiago tiene un efecto muy claro: trae consigo el auge del cristianismo en la Europa entera. A España misma le proporciona un instrumento de consolidación y unión contra el ocupante árabe. Sin esta veneración ¿se hubiera logrado la reconquista del territorio de manos del moro? Comenzando con Carlomagno y Roldán, a lo largo de los siglos, el nombre de Santiago atrajo a un sinnúmero de caballeros de toda Europa, combatientes por la causa española que mantuvieron abierto y libre el paso hacia el lugar de culto en Santiago de Compostela.

Aquí cabe mencionar el apodo que lleva Santiago, el caballero: «Matamoros». Durante la colonización de América se transformará en «Mataindios» y durante las guerras de la Independencia en «Mataespañoles». El sobrenombre tiene su origen en un suceso de la batalla de Clavijo en el año 844. Según la leyenda, el califa Abderramán II de Córdoba exige del rey Ramiro el tributo de cien doncellas. Este se las niega y se prepara al combate contra un enemigo muy superior en número de soldados. Sale prácticamente vencido del primer día de lucha, pero en la noche se le aparece Santiago en sueños haciéndole saber que luchará a su lado montado en su caballo blanco y lo hará vencer al moro. Ramiro comunica el sueño a sus súbditos y todos, llenos de fe y de fervor, se lanzan al combate y… ganan, naciendo así el grito de batalla: «¡Santiago!» Gracias a esta intervención milagrosa del Apóstol, él pasa a ser el caudillo de la Reconquista, protector de los cristianos y santo patrón en la lucha contra los infieles. De la misma forma, pero con la figura de Cristo, ya cinco siglos antes, Constantino había sabido motivar a sus soldados a luchar vigorosamente: «In hoc signo vinces» («con este signo vences») son las palabras que el futuro emperador romano de fe cristiana había mandado pintar a la vez que una cruz en su estandarte para el combate contra el emperador romano Majencio a principios del siglo IV. Aquí también el resultado fue una victoria.

Desde la batalla de Ramiro, una de las representaciones preferidas tanto en la pintura como en la escultura es la del Santiago Matamoros cabalgando un caballo blanco, desde cuya grupa el santo, blandiendo una cruz convertida en espada, arremata contra los moros que yacen muertos debajo de los cascos de su corcel. Santiago, claro está, jamás había matado a moro alguno, ya por el simple hecho de que había vivido en España en una época anterior a la presencia de los árabes en Hispania, pero en el arte la leyenda se impuso sobre los hechos históricos.

Desde luego no alcanzaba con que los caballeros europeos protegiesen esta franja deshabitada de 800 km de largo contra el ocupante moro; también había que poblar esta región montañosa. Los reyes encontraron una solución atractiva para francos, los franceses, a quienes otorgaron privilegios bajo la forma de exención de impuestos. En consecuencia fueron muchos los que se radicaron y practicaron sus diferentes oficios. En todos los pueblos del Camino existen reminiscencias de estos barrios francos. Los hispanos llegaron a tenerles gran envidia, pero sin lugar a duda fueron los extranjeros los que ocasionaron el auge económico del Camino, además de crear la base material para satisfacer las necesidades del peregrino.

Como a mediados del siglo XI se intensifica la peregrinación y Santiago se convierte en la capital religiosa de la cristiandad, Alfonso VI manda construir una nueva catedral, la actual, aparte de sus agregados y cambios posteriores.

Queda demostrada la importancia de Santiago por el hecho siguiente: en 1119 el papa Calixto II instituye para Santiago de Compostela el jubileo, que será ratificado en 1179. Por medio de este, el peregrino obtiene en Santiago la indulgencia plenaria, con confesión y comunión previas. Año compostelano es todo aquel en que el 25 de julio, día de la muerte de Santiago, cae en domingo. Esto ocurre cada 5, 6 y 11 años. ¿Y Roma? Esta ciudad obtiene el jubileo recién en 1300. ¡Más de 200 años más tarde! ¡Y además su jubileo se repite solo cada 25 años (en Jerusalén es aún más espaciado, cada 50 años)! En el correr de una vida humana era pues mucho más probable poder obtener el jubileo en Santiago que en Roma, simplemente porque Santiago proporcionaba más ocasiones.

Por consiguiente, los creyentes se ponen en marcha hacia ese lejano Santiago, a veces abandonando sus hogares por meses o un año, algunas veces para no regresar nunca — razón por la cual los precavidos hacían testamento antes de partir. Las penurias de esta marcha bajo calores y fríos, ante el peligro de asaltos y engaños han sido mencionadas múltiples veces. Pero una fe asentada era la causa por la cual el torrente de peregrinos nunca cesó por completo, aunque sí amainó en ciertas épocas.

Santiago, el peregrino

Había mencionado la representación de Santiago como Matamoros. Pero en el arte tiene dos caras más: una es la del apóstol, a veces sedente, y la otra, quizás la más usual, la del Santiago peregrino. Esta, al igual que la del Matamoros, es totalmente incongruente con la historia porque él nunca fue peregrino, pero se le adjudican los atributos de sus seguidores: en su cabeza el sombrero de ala ancha como protección contra sol y lluvia, el cuerpo resguardado por lo que se llamará la pelerina (del francés «pélerine»), la capa ancha, luego el bordón, el bastón que sirve al caminante de apoyo y como defensa contra animales o asaltantes, colgado de él una calabaza donde llevar el agua para el camino y como adorno en sombrero y capa la vieira, una concha parecida a la *Shell*, típica de las costas gallegas. Parece que hasta hace unos treinta años esta concha sólo existía en Galicia, mientras ahora ya vive hasta en las costas del Canadá. Tan es así, que en otros idiomas lleva el nombre de Santiago: «coquille Saint Jacques» en francés, «Jakobsmuschel» en alemán. En todo caso, estos detalles de la indumentaria de Santiago son los propios del peregrino del Medioevo. Ocurre con Santiago una simbiosis con sus fieles, se aúna y asimila a ellos. Totalmente exento de altanería se convierte en uno de ellos. Este es un fenómeno único y es el que demuestra la cercanía de Santiago con los creyentes y en definitiva el amor, la confianza y la camaradería para con ellos. Son estas las razones por las cuales tantos acuden a él.

Así queda quizás explicado por qué Santiago tuvo esa gran atracción para el hombre de los siglos pasados. Hay que pensar también que Santiago no es lugar de cura de males físicos como lo es Lourdes y tampoco alivia las aflicciones como Kevelaer, la «consolatrix afflictorum». Hoy diríamos quizás que Santiago tenía un carisma especial.

Auge actual

En la actualidad, el Camino está viviendo un auge. En 1999, el año compostelano, grandes masas de gente se pusieron en movimiento hacia el santuario. Hay razones muy concretas para ello.

La primera es una publicación que aparece justo a tiempo para el año jacobeo de 1971. Se trata de una obra española «Santiago en España, Europa y América» que presenta una documentación excelente del Camino. Una década más tarde, en 1982, otro año jacobeo, Juan Pablo II se dirige al mundo con las palabras: «Europa, encuéntrate a ti misma, vuelve a tus orígenes». Y expone ¡que son los caminos a Santiago que llevaron a la unificación de Europa! Pocos años más tarde, en 1985, con motivo de la incorporación de España en la Unión Europea, se realiza en Gante la exposición «Santiago de Compostela, 1000 años de peregrinaje europeo». Y solo dos años después, el 23 de octubre de 1987, la Comunidad Europea declara los caminos a Santiago la primera ruta cultural, recomendando la protección de esta herencia histórica, literaria, musical y artística. A finales de los años 80, el quinto libro del *Codex Calixtinus* — la tradicional guía de los peregrinos — se traduce a los idiomas más importantes del planeta. En consecuencia hay una serie de congresos y seminarios en varios países. Además, las asociaciones jacobeas comienzan a organizarse nuevamente. En la literatura mundial tiene gran repercusión la publicación de *El peregrino de Compostela* del brasileño Paulo Coelho. Incitará a muchos brasileños, quizás a latinoamericanos en general, a emprender el viaje a este sitio tan distante.

De forma sutil, el Camino se está poniendo de moda y no solo para los europeos como vemos en el ejemplo de los brasileños. Pero ¿qué puede llevar al cómodo ciudadano actual a aguantar las torturas de este emprendimiento? Porque esto debe quedar claro: Peregrinar a Santiago de Compostela era en el Medioevo y sigue siendo hoy en día un sufrimiento — para el cuerpo seguramente. A menudo se ven pasar peregrinos cojeando, con una rodilla o ambas vendadas, con los pies llagados, apoyándose en una muleta o hasta en dos y así subiendo los escalones de alguna iglesia con dolores físicos agudos. En el libro de anotaciones de un albergue, un caminante había eternizado sus males ¡dibujando sus pies con sus diversas llagas! Lo impresionante es que la mayoría de los peregrinos no se acobarda por estos dolores, no se echa atrás, al día siguiente ahí está y continúa el Camino. ¿Es maravilloso o es un milagro? ¿Cuál es la explicación para este fenómeno tan anacrónico para nuestra época de la sociedad del consumo, en la que las religiones — sobre todo las «tradicionales» — pierden adeptos y creyentes? Sobre todo ¿qué hace la juventud de hoy en el Camino? Esta juventud que ama las discotecas, que — al menos en Europa — dispone de su dinero para satisfacer múltiples necesidades o placeres. Hago hincapié en ella, ¡porque por el Camino los que transitan, en su mayoría, yo diría en un 70%, son jóvenes de entre 20 y 30 años! ¿Por qué no están gozando de las playas del Mediterráneo o trepando las laderas de los Alpes si son amantes del deporte? ¿Por qué eligen Santiago? Repetidas veces me he hecho esta pregunta y he preguntado directamente a los caminantes por la razón que los ha hecho optar por esta vía dolorosa. Este interrogante que llevé conmigo durante todo el Camino no me dejaba en paz. He encontrado varios motivos no necesariamente exhaustivos, algunos de los cuales también serían válidos en el Medioevo. En primer lugar se ubica por supuesto el fervor religioso, la fe católica, muchas veces combinada con algún voto o alguna promesa. De personalidades célebres como el mismo Colón se relata una: durante uno de sus regresos de América, su barco es azotado tan atrozmente por una tempestad en alta mar que él junto a su tripulación rezan y prometen un peregrinaje en el caso de salir con vida de la tormenta. Como se salvan, se debe cumplir lo prometido. Pero es suficiente con que un solo representante vaya en nombre de todos. Por lo tanto se echa la suerte y Colón, a sabiendas de que un peregrinaje es un emprendimiento de alto costo, se lo financiará al marinero ganador del sorteo.

Pero dejando de lado esta causa religiosa como sobreentendida, aunque no imperante para todo peregrino, veo en segundo lugar el espíritu de aventura, unido al ansia de conocer países y regiones nuevas. El amor al deporte así como a la naturaleza pueden considerarse partes del anterior. Muchos peregrinos me relataron que les gustaba caminar; el deporte más sencillo de todos, además de ser el menos peligroso. A este placer se suma el encuentro con un paisaje espectacular, aunque a veces

21

los adelantos de la civilización en forma de carreteras bulliciosas son impedimento para esta convivencia gratificante con la naturaleza ya que el Camino a menudo acompaña o no se aleja mucho de rutas nacionales muy traficadas en la actualidad.

Algunos peregrinos también confesaron una motivación económica: hacer el Camino resulta accesible porque los refugios no cobran más que un par de euros por sus cuchetas; por otro lado, la mera existencia de estos albergues a distancias siempre alcanzables por el caminante en el trayecto de un día se traduce en una garantía de alojamiento para el viajero cansado. Estas explicaciones para el peregrinaje pueden ser válidas para el que todavía no ha abandonado su casa. Una vez en el Camino, en el verano bajo un sol implacable, en otoño o invierno bajo unas lluvias y unos fríos inaguantables, caminando día a día, no hay caminante que no haga la experiencia del dolor. He visto a gente postrada en la cama, a quien el médico había recomendado algunos días de reposo, gente deshecha pero que igual no temía arruinarse la rodilla dolorida para el resto de su vida, que volvía a levantarse a la mañana siguiente y proseguía el Camino. ¿De dónde proviene la fuerza de estas personas? ¿Solo me encontré con santos, con privilegiados?

No. El Camino presenta muchos aspectos diferentes. Proporciona una huída del estrés diario de las ciudades. Refleja la necesidad del hombre actual de relajamiento, su inquisición de un algo que se encuentra fuera de nuestro quehacer rutinario. En nuestra sociedad moderna presenciamos un vuelco al esoterismo, a las religiones místicas orientales, al yoga hindú; las nuevas sectas nacen como hongos descontroladamente en derredor nuestro y ¡encuentran adeptos! La juventud — sobre todo ella — ha encontrado o busca en el Camino un camino más. Él nos presenta una escapatoria de nuestra vida cotidiana, un medio para alejarnos, pero en realidad, todos tornamos solo alrededor de un objeto y de un objetivo: de nosotros mismos y del sentido de nuestras vidas. Nos distanciamos para acercarnos, salimos a buscar lo que llevamos dentro de nosotros, realizamos una búsqueda para encontrarnos a nosotros.

"Algunos vienen con una idea del Camino y se les va cambiando a medida que pasan los días", fue la contestación que recibí varias veces a mi pregunta estereotípica. Se habla de la «magia» del Camino, yo hablaría de su «poder» sobre nosotros. Nos agarra, se apodera de nosotros. La meta no es Santiago de Compostela, no, sino el Camino en sí — aunque sin llegar a Santiago también faltaría algo. Según un autor, la razón que conducía al hombre en el pasado a hacer el Camino, era la siguiente: «El peregrino se llevaba un algo del lugar visitado, hasta del mismo santo; a partir de ese momento el viajero participaba de su existencia, de la perpetua emanación de perdón de este lugar santo y de las santas reliquias. De ahora en adelante, vivía envuelto en una aureola del perdón que había surgido de la figura sagrada. Aquí se encuentra el razonamiento más grande y más antiguo de la humanidad. A través de amor, peligro, sacrificio y control de sí mismo se logra participar de algo superior, lo que nunca se pierde y significa salvación y perdón». (traducido de la obra de H. Domke, «Spaniens Norden», Ansbach 1967, pág. 376 y siguientes) Aquí se describe el efecto de la visita a las reliquias del santo en la catedral. Pero esto no nos explica la fuerza del Camino en sí, que le hace escribir al «orgulloso» Inallé en un libro de anotaciones en un albergue:

«Yo soy de Bilbao, y estoy orgulloso.
Mi mejor amigo es catalán, y estoy orgulloso.
Vivo en Madrid, y estoy orgulloso.
Y voy a Santiago, y estoy orgulloso.
El orgulloso Inallé»

Todo este orgullo simplemente por estar en el Camino. Y este sentimiento proviene del sacrificio nombrado por Domke. El peregrinaje significa abandonar las comodidades a las que estamos acostumbrados: aguantar el calor o el frío, eventualmente sed o hambre; exigir a diario a nuestro cuerpo esfuerzos físicos que le son desconocidos; mezclarnos con seres de todas las edades y clases sociales; vivir fuera del Tiempo, dejando de lado televisión, cines, encuentros sociales con amigos; conformarnos con poca ropa; valernos por nosotros mismos; satisfacernos con un mínimo o con menos de lo habitual. Esta simplicidad con la que nos conformamos nos lleva a una reducción espiritual también: El vuelco a nuestro propio ser.

Difícilmente podemos oponer resistencia a esta transformación. Y así también a mí se me cruzaban pensamientos de esta índole: «Estoy en el Camino. Estoy haciendo el Camino. El mismo que caminaron cientos, miles, millones de personas antes de mí, durante siglos, en el oscuro y lejano Medioevo». Me sentía unida al Pasado, a la Tradición, a Costumbres, a Creyentes. Cuando choferes de camiones que me reconocían como peregrina me tocaban bocina en señal de admiración y alabanza, cuando conductores de automóviles me saludaban con la mano, cuando turistas españoles veían nuestras vieiras — símbolo del peregrino — colgadas en las bicis y exclamaban con entusiasmo: «¡Estos son peregrinos!» me brotaban lágrimas en los ojos porque con estos aplausos me veía aceptada dentro de la Tradición, formando parte de un grupo ilimitado en el Tiempo y sobre la Tierra.

Y tuve que pensar en mi amiga turca Leila. El año pasado me había contado que quería hacer el viaje a La Meca. Como musulmana se le exige entre los principales mandamientos visitar una vez en su vida la Kaaba, la piedra negra sagrada ubicada en Arabia Saudita. Debo acotar que el cristianismo no tiene tal precepto: Todo peregrinaje es voluntario, aunque no deja de ser imitación de los actos de Cristo ¡y por lo tanto todo peregrino es reencarnación de Jesús! Otra diferencia con el islam, es que en este, se le da importancia a la visita del lugar sagrado en sí y a la ejecución allí de rituales bien determinados y fijos, mientras que para el cristiano el peregrinaje incluye todo el camino hasta el santuario, es decir, el arribo a él.

Pero volviendo a Leila: Me extrañó su deseo de ir a La Meca porque no es fundamentalista, al contrario, no usa pañuelo en la cabeza, se viste como una occidental, etc. Cuando le dije que — según las imágenes trasmitidas por la televisión — la visita a La Meca durante la que hay que dar algunas vueltas a la Caaba en compañía de miles de otros creyentes, apretujado entre los demás, debe ser algo horroroso, que seguro que solo desea ir el mínimo del tiempo y regresarse apresuradamente, me contesta que no. Pensaba quedarse unos quince días. Que le habían contado que — mismo encajonado entre millares de personas — el lugar transfiere una magia y una calma indescriptibles. Yo la escuchaba atónita e incrédula.

En todo caso, en la literatura no he encontrado mención de un paralelismo entre el Camino y la Kaaba u otros centros religiosos de peregrinaje, de los muchos que existen esparcidos por todo el mundo, en todos los continentes y que seguramente transfieren una sensación similar. También de La Meca los seres se llevan un poco de santidad, los hombres no se cortan más la barba y se les llama «haci», algo así como santo. No todos se comportan como tales, pero tampoco los «egresados» de Santiago lo harán seguramente; el efecto espiritual se desvanece, pero permanece en el recuerdo.

Después de haber hecho el Camino estoy convencida de que Leila tiene razón, de que hay lugares dotados de un poder singular, capaces de transmitir un efecto especial, de un valor incalculable. ¿Serán las pisadas de los peregrinos del pasado de las cuales emana aún esta fuerza?

El Dr. Alexis Carrel quien como médico fue a Lourdes en 1902 hace una experiencia seguramente comparable a la de Leila en La Meca del punto de visto de las multitudes, y describe el efecto que el lugar tiene en el peregrino enfermo: «*Parce que le pélérinage a une incroyable force de persuasion, infiniment supérieure à celle des plus hauts maîtres de la médicine. D'une foule en prière se dégage une sorte de fluide, qui agit avec une force incroyable sur le système nerveux, mais échoue quand il s'agit d'affections organiques*». (A. Carrel, «Le voyage de Lourdes», París 1949, pág. 31 y sig.) ("Porque el peregrinaje tiene una fuerza increíble de persuasión, infinitamente superior a aquella de los más grandes maestros de la medicina. De una multitud en la plegaria emana una especie de fluido, que actúa con una fuerza increíble sobre el sistema nervioso, pero que queda sin efecto ante enfermedades de los órganos.")

Carrel obtendrá en 1912 el premio Nobel de Medicina, en 1935 escribirá "*L'homme, cet inconnu*", que se volverá en un bestseller a nivel mundial, morirá en 1944 después de colaborar con el gobierno de Vichy, y sus experiencias en Lourdes serán editadas póstumamente por su esposa en 1949. Su visita a Lourdes como reemplazante de un colega con un grupo de enfermos, la emprende con el objetivo de ver con sus propios ojos los milagros, en los que no ha querido creer hasta el momento. Y realmente una joven tuberculosa al borde de la muerte tiene una recuperación "milagrosa", que lo pone muy pensativo. Además detecta allí la fuerza que surge de la masa, una fuerza que en el Camino se siente estando totalmente solo y sin la ayuda de ningún rezo. Vuelve a insistir sobre este punto: «*Il est certain que la manifestation de la volonté tendue de plusieurs milliers de personnes dégage un fluide, une force, que l'on sent lorsque l'on est soi-même dans la foule, et qui a peut-être une vertu cicratisante...»* (Carrel, o. cit., pág. 38) ("Con seguridad de la manifestación de la voluntad férrea de varios miles de personas se desprende un fluido, una fuerza que uno siente cuando se encuentra en medio de una multitud, y que quizás posea una virtud cicatrizante…")

En el Camino nunca nos encontramos en multitudes, pero puede ser que tengamos conciencia de estar acompañados y que nuestra fuerza provenga de este conocimiento. Y Carrel, cuya experiencia en Lourdes le costó el puesto en la universidad de Lyon de visión totalmente materialista y causó su traslado al Canadá y luego a Nueva York, sigue con descripciones que tienen igual validez para el Camino, aunque el origen del sentimiento sea totalmente distinto: *«Et dans la foule, tous les bras s'étendirent. Une sorte de souffle parcourait la foule. Quelque chose d'insaisissable, de puissant, d'irrésistible et de silencieux, courait à travers elle, soulevant les volontés, ainsi que la tourmente sur la montagne. Lerrac sentait distinctement cette impression puissante, qui échappait à l'analyse, lui serrait la gorge et crispait ses bras. Sans savoir pourquoi, il avait envie de pleurer. Que devait être l'impression des malades, aggravée par leur faiblesse, si un homme en pleine santé, comme Lerrac, l'éprouvait à un tel degré».* (Carrel, o. cit., pág. 55) ("Y en la multitud todos los brazos se extendieron. Una especie de soplo atravesó la multitud. Algo que no se podía atrapar, algo fuerte, irresistible y silencioso, corría a través de ella, elevando sus voluntades, al igual que la tormenta sobre la montaña. Lerrac sentía claramente este fuerte poder que escapa al análisis, que le cerraba la garganta y le crispaba los brazos. Sin saber por qué, le vinieron ganas de llorar. ¿Cuál debía ser la impresión en los enfermos, intensificada por su estado, si un hombre saludable como Lerrac la sentía tan fuertemente?") Lerrac/Carrel no es uno de ellos, de los enfermos llenos de fe que llegan a Lourdes en espera de cura, así como yo en el Camino no era una peregrina de verdad por no ser creyente. Pero a fin de cuentas, me pasó exactamente lo mismo que a Carrel; a pesar de no pertencer al grupo, sentimos lo mismo que este. Y todos estamos de acuerdo en que este sentimiento no se explica racionalmente, que queda fuera de la razón.

Quizás estos lugares nos dan lo que queremos ver en ellos, lo que todo ser humano busca al menos en algunos instantes de su vida: ese algo indefinible, esa fuerza, un poder, una emanación que quizás nosotros mismos proyectamos en estos sitios y nos es devuelto como un eco, sin decepcionarnos.

En el Camino hay muchas adolescentes que peregrinan solas. Alguna me ha dicho — sonriente — que la razón para emprender el peregrinaje era una prenda, una promesa. Al principio estas jóvenes me tenían un poco preocupada — madre como lo soy, de una de veinte. Pero luego fui viendo que en realidad no hay peligro. Al menos en verano los caminantes abundan.

Una muchacha me decía que se unía algunos días a alguna gente por aquí, luego se separaban, volvía a unirse a otros o iba sola. Repito: sonriente, en calma consigo misma y el mundo, a pesar de la venda en la rodilla izquierda que ya había llevado varios días en la derecha…

Una señora me dice: «¡Pero es que es el sueño de todo español hacer el Camino al menos una vez en su vida!» ¿Se les inculcará este sueño en las clases de religión o sencillamente en las casas? Me he encontrado con varias familias con niños de nueve a catorce años haciendo el Camino. Todos de buena fe y quizás estos más tarde hasta quieran repetirlo de mayores. Pues repetirlo, hay muchos que lo hacen también. ¡Me refiero a que lo repiten de un año al otro! Como que se quedan con signos de preguntas, insatisfechos, que lo habían hecho demasiado rápido, que lo habían hecho por carretera y ahora van por el Camino. ¿No habían quedado exhaustos? «Sí, pero me había olvidado de lo cansador que es». ¡O la holandesa que me cuenta que al admirar la belleza del paisaje se desvanecen los dolores en los pies llagados! Y se sonríe feliz. Es otra de las experiencias de validez eterna que comparto con el ya citado Carrel, aunque él haya ido a Lourdes cien años antes de que yo fuera a Santiago: «*Tous espèrent la guérison et malgré les fatigues de cet interminable voyage, ils sont joyeux et calmes*». (Carrel, o. cit., pág. 42) ("Todos esperan la cura y, a pesar del cansancio de este viaje interminable, están contentos y calmos.") El mismo efecto sedante y de alegría en ambos peregrinajes en los cuales las penurias se desvanecen milagrosamente.

Y he aquí otra anotación en el libro de Caminantes en un refugio:

«Al igual que Willy de Essen, que pasó ayer por aquí, yo tampoco estoy haciendo el Camino por primera vez. Y yo también lo intentaré dos, tres y más veces... Todavía no conozco todos los caminos, todos los refugios ni los recovecos de mi corazón. Este camino no sólo es largo, sino que sobre todo es profundo».

Una gran verdad.

Solo escuché a una chica de unos 21 años decir que se proponía interrumpir el Camino. Se había resbalado cuatro veces en el lodo (ocasionado por lluvias torrenciales ¡a finales de julio!), se había caído y la verdad es que caminar con la arcilla pegada en las botas — ¡medio kilo más de peso por pie! — debe ser terrible. Todos los demás con los que hablé estaban dispuestos a seguir el Camino, nadie se arrepentía de haberlo emprendido, al contrario. Muchos — ¡a cientos de km de distancia de Santiago! — ya estaban hablando de la próxima vez. — Sí, porque la próxima vez, me vengo sola — me dice una joven que se encuentra en compañía de su hermana. — Porque entonces puedo pensar más, me puedo encontrar a mí misma.— ¿El Camino como terapia? ¿El Camino un terapeuta?

En el Camino, los compañeros pueden ser de ayuda, dar seguridad, consolar:

«Se va solidificando el grupo de los veinte. No es que seamos veinte personas, es que caminamos alrededor de 20 km diarios. Ya llevamos tres o cuatro jornadas coincidiendo. Ya nos sabemos llamar por nuestro nombre. Conocemos algo de nuestras vidas. Probablemente, esto es de lo más gratificante del Camino, hecha la excepción de la ducha y de las sombras (cada vez menores) que jalonean nuestros pasos bajo el inmisericorde astro rey». (Anotación de un peregrino en un refugio.)

Pero los camaradas también pueden ser molestos y estar demás. Atravesando un paisaje idílico, en una soledad profunda, no encajan risotadas galantes. Igual que conversaciones superficiales mejor se callan ante el lenguaje descifrable de una naturaleza vuelta a nacer en un amanecer delicioso. Los campos y los árboles pueden resultar compañía suficiente.

El Camino no es para cualquiera. Hay que estar preparado, si no se convierte solamente en un acto deportivo. Mucha gente me contaba que años atrás había leído un libro sobre Santiago por pura casualidad. Este germen había ido madurando en su cerebro ¿o en su corazón?, había necesitado quizás algunos años hasta transformarse en el deseo y la decisión de emprender el Camino. Es este el punto de partida que da la fuerza para sobrellevar los dolores, que da la firmeza de voluntad para proseguir. En fin de cuentas, ¿ante quién estamos jugando el papel de héroes? Los otros peregrinos no nos conocen y el jubileo lo obtenemos con haber caminado cien km. ¿Para qué entonces torturarnos cientos o hasta miles de kilómetros, sí *miles* porque hay gente que parte desde su casa, de Alemania, por ejemplo? Tampoco se puede comparar con la hazaña deportiva de subir al Himalaya, en la cual uno está jugando con su vida; a tanto no llegamos aquí. Pero el Camino dura más, desde Roncesvalles en la frontera francesa hasta Santiago son a pie unos treinta días para estos 780 km. Y la fuerza para no marcharnos, la encontramos debajo nuestro, delante nuestro:

«Camino, te estás portando bien, de momento entiendo tus señales, agradezco tus regalos, sobre todo la fuerza que me das para seguir adelante, espero poder caminarte más y más, y lograr llegar a Santiago. Sigue así, prepárame buenos encuentros y buenas lecciones, y espero saber corresponderte.» (Anotación de un peregrino en un refugio.)

Y otro peregrino va más allá aún: «No importa cuántas huellas dejes en el Camino, éste dejará su huella en ti. ¡Ánimo hasta Santiago!»

Asimismo no deja de haber quien amonesta a la humildad:

«A modo de reflexión:

No se es mejor peregrino por caminar muchos km (Santiago iba de casa en casa evangelizando), ni por traer una mochila sobrecargada (Santiago caminaba sin equipaje), ni por dar muestra de «sufrimiento» (Santiago no lo exteriorizaba) ni por presentar más o menos pinta de «guarro» (Santiago se aseaba en las fuentes y arroyos que encontraba). Ser peregrino como Santiago es amar y compartir lo poco o mucho que tengas en cada momento con el que tienes al lado». (Anotación de un peregrino.)

Y en otro centro de peregrinación, encontré el poema al caminante:

«Al peregrino europeo

Camina,
has nacido para el Camino.
Camina,
tienes una cita.
¿Dónde? ¿Con quién?
No lo sabes todavía.
¿Contigo mismo tal vez?
Camina,
tus pasos se tornarán palabras,
el camino, tu canción,
la fatiga, tu plegaria,
finalmente, tu silencio te hablará.
Camina,
solo, acompañado,
sal de ti mismo.
Te estabas creando rivales,
vas a encontrar compañeros;
imaginabas enemigos,
te harás hermanos.
Camina,
aunque no sepa tu mente
hacia dónde los pies conducen tu corazón.
Camina,
has nacido para el Camino,
aquel que el peregrino toma.
Otro marcha hacia ti,
te busca
para que tú puedas encontrarlo.
En el santuario, meta de tu camino,
en el santuario, hondura de tu corazón,
Él es tu Paz,
Él es tu Gozo. ¡Ve! Dios ya camina contigo».

Caminante versus ciclista

Lo clásico era hacer el Camino a pie, solo la aristocracia o el clero lo emprendían a caballo. Hoy en día el 90% de los peregrinos son caminantes, calculo yo, y el resto, ciclistas. Veo esta cifra corroborada para el año 2010 con un 17% para los ciclistas. Evidentemente su número va en aumento. Se suman a estos dos grupos algunos casos excepcionales: hemos visto a un hombre mayor con un asno y a una pareja un poco hippie también con un burro; otra vez, a un extranjero sentado en un carro tirado por un caballo, a su lado un cochero español y atado al vehículo venía detrás el caballo de repuesto. Dentro del carro cerrado se encontraba un colchón, es decir que este peregrino pernoctaba en su medio de transporte.

Salvo estos casos fuera de lo común, el peregrino per se es caminante. Pero dentro de esta categoría presenciamos diferencias y con ello rivalidades.

El verdadero caminante es aquel que lleva su mochila al hombro, que carga con su vestimenta para toda la duración de su viaje. Lleva consigo también el saco de dormir porque por lo general duerme en los refugios, que solo proporcionan cuchetas con colchón y almohada, pero sin sábanas ni frazadas. Por lo tanto, como cargará durante varios días o hasta varias semanas sus pertenencias, pondrá mucho cuidado en la selección — antes de partir — de lo que acarrea. En una guía leí que el autor había pesado su mochila en la balanza de la cocina de su casa y que iba quitándole indumentaria que desechaba como no tan necesaria para el Camino, hasta bajarle el peso a cinco kg, máximo que se había propuesto cargar. Con las horas de caminata, todo caminante se percata de que los kilos se van poniendo más pesados… Queda claro que el caminante solo puede transportar lo imprescindible y — al menos a nosotros — nos alcanzó perfectamente lo llevado: tres mudas de ropa interior y tres remeras, un pulóver, una chaqueta contra la lluvia o el viento, un pantalón largo, una bermuda (en verano) para «salir» (de día llevábamos los shorts acolchonados de ciclistas), productos de aseo, algunas herramientas y repuestos para las bicis, un teléfono móvil (hoy en día lo más natural del mundo), sombrerito contra el sol y un saco de dormir. La ropa siempre se puede lavar en las noches y por lo general se secaba (en verano), o la tenía que llevar húmeda y se terminaba de secar en el siguiente albergue. Constatamos que habíamos elegido muy bien la cantidad y el tipo de ropa, nada estaba demás. El caminante tendrá que incluir probablemente un par de zapatos de repuesto, cosa que nosotros no necesitamos. Lo único que nos faltó fueron guantes, ya que — mismo en verano — pasamos frío en las madrugadas, especialmente en las bajadas largas y aceleradas de montañas (a Ponferrada y a Triacastela).

Pero se ven caminantes con apenas una pequeña mochilita — de juguete — y está claro que estos tienen el llamado coche de apoyo que transporta su equipaje y los espera en un sitio determinado para llevarlos al hotel reservado con antelación. También hay ciclistas en una situación parecida. A veces el apoyo lo dan las esposas, con las cuales se encuentran para las comidas, los cafecitos y las dormidas, como lo vivimos en un grupo de cuatro valencianos muy simpáticos. En sí, esta solución para gente que no se atreve o no se ve en condiciones físicas de caminar con la carga diaria y tampoco de hacer más de una cantidad reducida de kilómetros por día es ideal. Pero es mal vista por el Caminante purista. Desdeña al cómodo porque no es capaz de resistir las penurias completas ni afronta el examen físico ni psíquico que el Camino significa.

Desdeñable encontré yo a un grupo de ciclistas ¡todos uniformados con trajes de ciclistas del mismo color!, hasta con zapatos especiales que engarzan en los pedales, y con los cuales les era dificultoso caminar por el empedrado delante de una iglesia. Era bien visible que no llevaban equipaje en sus finas bicicletas de carrera, pero se habían colgado en sus manubrios las vieiras, el símbolo del peregrino. Esto me pareció una estafa. Por rodar por el Camino no automáticamente se es peregrino. El sufrimiento y el cansancio del deportista no son suficientes, en cambio es indispensable el lado espiritual que yo no les podía descubrir debajo de su traje homogéneo de consumistas.

En el Camino cursan ciertas historias que dudo sean verdaderas: que grupos de los países de Europa del Este son acarreados en autobuses, que solo caminan los últimos metros antes de desplomarse en los refugios, que les brindan alojamiento casi gratuito. ¿Cuál sería el sentido para estos viajeros? Pues, salir al mundo, conocerlo y, de forma muy barata. No lo entiendo porque me supongo que para esa gente, que todavía no ha recorrido los países occidentales, hay en primer lugar ciudades muy interesantes para visitar y no estos pueblos perdidos en las montañas. Se dice que también hay españoles que llegan en coche prácticamente hasta los refugios en donde pretenden alojarse. Debo aclarar que los refugios poseen una larga tradición. Ya en el Medioevo muchos habían sido construidos para albergar, proteger y curar a los peregrinos gratuitamente. Hoy en día cobran algunos euros, pero están destinados exclusivamente a los peregrinos; en primer lugar a caminantes y luego a ciclistas. El que viene en coche no tiene derecho a alojamiento en refugio, debe buscarse un hotel.

El peregrino tiene su orgullo y ¡razón que tiene! pero así como siente desprecio por aquel que *hace trampa* por hacer el Camino más cómodamente, así de igual modo mira de reojo al ciclista porque este también se ahorra algunas penurias y adelanta más rápido. En cierto lugar un grupo de caminantes formó una cadena para no dejar pasar a nuestros amigos ciclistas, señal clara de que *así no vale*, en bici se progresa demasiado velozmente. Y la verdad es que el ciclista la tiene más fácil. En realidad la distancia a recorrer la determina acorde al tiempo disponible, para nosotros eran quince días, o sea unos sesenta km diarios (y a veces aún más por los recorridos en las ciudades) para los casi ochocientos km desde Roncesvalles, para lo cual el caminante necesita mínimo el doble. Como cansador, el subir un sinfín de montañas y el pedalear horas y horas nos extenuaba tanto como el caminar al caminante. La diferencia no radica pues en el desgaste físico, sino en las heridas, los dolores, las llagas, las rodillas inflamadas... Claro que el caminante debe disponer de buen material, de un buen calzado especial, pero mismo con este, no se pueden evitar las molestias. A nosotros — con bicicletas de carretera de 21 y 24 cambios — no nos dolió otra cosa que los músculos de las piernas, que se fueron fortaleciendo día a día. Eso sí, nos cansamos, quedamos extenuados, repetidas veces, hasta tal punto que en una ocasión lloré profundamente al ver que las montañas no querían acabar...

Todas las guías para peregrinos están dirigidas al caminante. Últimamente han salido algunas para ciclistas que se parecen mucho entre sí, pero que nos dejaron insatisfechos. ¿La razón? ¡Ciclista no es igual a ciclista!

Hay que diferenciar entre bicis de montaña, de carrera y de carretera, entre bicis cargadas con equipaje y las vacías. Muchas guías no hacen referencia a estos pormenores, lo que hace difícil la decisión de acatar lo aconsejado en ellas.

Ante todo, hay que especificar que el Camino en sí es propicio para hacerlo a pie. A veces atraviesa arroyitos secos o no, según la época del año, se torna sendero de pedregullo o con piedras puntiagudas, tornándose un peligro para nuestras llantas en medio de la nada. Por consiguiente el ciclista cargado y con bici de carretera tendrá que resignarse a rodar la mayor parte de los ochocientos km de recorrido de Roncesvalles a Santiago en carreteras asfaltadas, por lo general, las nacionales, traficadas intensamente por autos y camiones…, sobre todo hasta Burgos.

Quedamos muy desilusionados con los consejos que nos daba *La guía práctica* específicamente a los ciclistas, de tal forma que hasta llegamos a dudar de que el escritor haya hecho o mandado hacer el Camino en bici. Siguiendo su consejo, ya el primer día, nos desviamos de la carretera para tomar el Camino de Zuriáin en dirección a Zabaldica (etapa Larrasaoña - Pamplona) pero nos tuvimos que volver, angustiados en el angosto senderito por las grandes piedras filosas que nos impedían avanzar. Otras veces, aunque el Camino está en buenas condiciones, no vale la pena seguirlo porque a cada par de cientos de metros cruza la carretera para continuar una vez a su derecha y luego a su izquierda, lo que en definitiva resulta muy peligroso con el tráfico, y el ciclista no logra avanzar mucho.

El no poder rodar en el Camino es una lástima y para el ciclista significa una gran pérdida porque cambia naturaleza por tráfico y peligro. No va a entrar en contacto directo con el encanto del Camino. Por otro lado también desde la carretera se puede apreciar la belleza del entorno — sobre todo en zonas montañosas, es decir en la mayoría — aunque por lo general en medio del ruido del tráfico.

En los últimos años se han construido algunas ciclovías y se han designado calles exclusivas para el ciclista, por lo cual el Camino se vuelve más atractivo para los que eligen el birodado. Pero en las obras descriptivas del Camino dirigidas a los ciclistas, las fotos publicadas desaniman a todo deportista mediocre (como nosotros). Se muestra a los autores montados en sus bicis de montaña en calles empedradas, en senderos angostos pasando por encima de piedras filosas y de raíces, por lo general cuesta arriba, con el ciclista parado en su bici para tener más fuerza para pedalear ¡alguna vez hasta empujando la bici por lugares intransitables! Los autores gozan estos desafíos de la naturaleza, describen el placer obtenido y alientan a los futuros ciclistas de estos lugares a imitarlos y a compartir sus sentimientos. Seguramente es por esto que se lanzan al Camino y no por algún motivo religioso. Relatan abiertamente que no les es posible sentir la espiritualidad del Camino. Obviamente hay que dejarse tiempo para ello y estar dispuesto a recibirla.

Recomendaciones prácticas para el peregrino

La **mejor época** para hacer el Camino, aunque parezca que no, es el verano. A pesar de que el sol está alto y que no piensa compadecerse de nosotros, en primavera y en otoño las lluvias pueden ocasionar un gran impedimento en el avance por transformar la tierra en pesado lodo que se adhiere a los zapatos del caminante, mientras que en invierno la nieve entorpece la marcha, además de agregarle un peligro más. En verano hay que acomodarse a las temperaturas, es decir, partir a más tardar con la salida del sol. El problema es la oscuridad. A finales de julio teníamos suficiente luz natural para rodar (sin encender las luces de nuestras bicicletas) recién a partir de las 6 y 30 de la mañana. Unos muchachos franceses me decían que, para lograr los cuarenta km diarios de caminata y evitar al máximo la presencia del astro candente, partían por las tres o cuatro de la madrugada. Al principio, la luna les había alumbrado, pero entremedio regía negrura casi total. Se las arreglaban con linternas. Bordeando las carreteras de asfalto puede ser factible este método, pero en pleno Camino no se le puede recomendar a cualquiera, a pesar del romanticismo que involucra. En todo caso, la salida temprano es la mejor manera de escapar a las horas más terribles del inclemente sol. De esta forma se puede alcanzar el punto propuesto para la jornada hacia el mediodía. Las temperaturas más altas, de unos 35° a la sombra, pero de unos 50° al pleno sol, duraban por lo general de las 14 h a las 18 o 19 h. Por eso también nosotros procurábamos haber arribado a nuestra meta antes de las 14 h, lo que no siempre podíamos cumplir. En la radio oí una vez por casualidad que se les recomendaba a los bañistas ¡evitar la exposición al sol entre las 12 y las 18 h! El sol es de temer de verdad, aunque los días comenzaban todos muy frescos en esta región de montañas, con temperaturas de entre 10° y 14° por las siete de la mañana en pleno mes de agosto!

Además no hay que hacerse demasiadas ilusiones en lo que respecta a la sombra. Justo en la zona más caliente alrededor de León, los árboles se han esfumado. Recuerdo que, un mediodía — después de Nájera — paré en un lugar con arbolitos para descansar a su sombra, pero estos se encontraban sobre pequeñas colinitas y la poca sombra caía en el abismo. Después de veinte minutos de búsqueda tuvimos que seguir defraudados y más acalorados aún. Entre Sahagún y Mansilla de las Mulas, la Unión Europea ha hecho plantar árboles a lo largo de este recorrido de unos treinta km para darle sombra al peregrino en esta zona totalmente árida. Aunque han pasado seguramente ocho años de esta loable acción para el bien y protección del peregrino, los pequeños arbolitos no proporcionan demasiado frescor. Se ve que les cuesta enormemente crecer en esta sequedad, se nota que algunos han sido repuestos, pero probablemente sin dádivas constantes de agua, sus vidas o su crecimiento peligran. No quita que, con esta línea de árboles, este trecho del Camino se ve hermoso, perdido en un paisaje chato y aburrido, ladeado a lo lejos por la cordillera Cantábrica con sus Picos de Europa.

En lo que respecta los **alojamientos,** nosotros dormimos seis veces en refugio, cuatro en casa privada, cinco en hotel y una en parador.

Los refugios o albergues son una institución medieval. Muchos fueron mandados construir por reyes, muchos los mantuvieron monjes —entre otros los templarios. No solo proporcionaban un techo, sino que para más funcionaban como hospitales. Cuando nos ponemos a pensar que muchos peregrinos se encontraban de viaje por meses o un año, queda claro que no solamente terminaban con llaguitas en los pies, sino que les podían incurrir enfermedades serias. En consecuencia, muchos peregrinos terminaron enterrados en algún lugar del Camino.

Se les atendía gratuitamente. Esta tradición persiste: los albergues en un principio son gratis. Pero en este año 2000 nos estuvieron cobrando entre un euro y medio y dos euros y medio por pernoctada. Parece que algunos peregrinos protestan ante este cobro por una cucheta, ducha — casi siempre de agua caliente — y baños limpios. Pero es preferible encontrar los albergues en estado correcto mediante el pago de un par de euros. Mientras fueron gratuitos se esperaba una dádiva del peregrino, lo que no todos cumplirían. ¡Además no hay que olvidar que todas las personas que administran los albergues lo hacen de forma gratuita, muchas de ellas durante largos años de su vida! No se puede esperar que también pongan el dinero para artículos de limpieza, etcétera.

Bueno, estos refugios tienen sus horarios: A las ocho de la

mañana tienen que quedar libres — para la limpieza — y vuelven a abrir más o menos a las 13 h, y cierran sus puertas a las 22 h. A veces ya se ven por las 11, 12 h a los peregrinos delante del refugio en espera de su apertura, con el fin de conseguir una buena cama, de poder reposar y de huirle al sol. La «calidad» de un albergue depende de sus administradores, y en la *Guía práctica del peregrino* editada por el Centro de Estudios del Camino de Santiago se indican las categorías. Pero en todo caso, el viajero tiene que estar agradecido de disponer de esta forma de hospedaje tan económica. Esta también es la opinión de un peregrino que dejó la siguiente anotación en un refugio:

«No consideres nunca los refugios como algo que te corresponde. Es la gente local la que contribuye a su mantenimiento. Además se trata de refugios, no de hoteles. Si no disponen de una cocina ¡no te quejes! Después de todo, la gente a lo largo del Camino no nos debe nada, pero es su generosidad la que nos mantiene andando».

Cuando los albergues están llenos, todas sus cuchetas ocupadas, también se les permite a los peregrinos dormir en el suelo. O se les busca otro tipo de acomodo. En Triacastela habían abierto la iglesia a los peregrinos, y una joven me cuenta con gran alegría ¡que durmió en el altar! En Belorado, el administrador del refugio me informa que caben 25 personas, pero que en la noche habían llegado 85. Con orgullo me relata que nadie quedó a la intemperie, todos bajo techo, en un garaje, etcétera. No olvidemos que en las noches, mismo en verano, las temperaturas descienden a unos 10° o menos aún.

Pernoctar en un albergue forma parte del peregrinaje. Es así como uno entra en comunión con los otros peregrinos, se entera de sus males, del estado del Camino; en fin, el albergue sigue siendo como antaño el centro de comunicación y de intercambio de noticias. Además forma parte de la renuncia al lujo y al mismo tiempo del sacrificio que estamos haciendo a lo largo del Camino, compartiendo el dormitorio, según el caso, con ocho, veinte u ochenta personas. A pesar de que la idea de los ronquidos y ruidos de los otros me espantaba, constaté que no presentaban mayores molestias. Todos estábamos tan cansados que solo queríamos dormir para recobrar energías para la etapa siguiente.

En un principio, los albergues se habían edificado a la

distancia de una marcha diaria, es decir unos 20 a 25 km. Pero entremedio hay mayor cantidad de albergues, algunos a pocos km entre sí. Cuántos kilómetros vaya a recorrer uno por día depende de la condición física, que se irá mejorando (¿o empeorando?), y del tiempo disponible. Nosotros en bicicleta andábamos unos cincuenta o sesenta km, lo que era razonable porque el fin de nuestro viaje también era cultural, es decir, nos interesaba visitar las ciudades. Constatamos que los caminantes no compartían nuestros intereses, probablemente por el gran cansancio acumulado que no les dejaba fuerzas para hacer más recorridos. En los ciclistas no observamos otro comportamiento... A nosotros la cultura, sobre todo la visita de iglesias, nos llevaba su tiempo. Así interrumpíamos un deporte, el ciclismo, para reemplazarlo por otro, el caminar, casi igual de cansador.

Hemos conocido peregrinos que emprendieron el peregrinaje desde su casa: una pareja de alemanes — de unos 60 años — lo hizo en bicicleta desde Múnich, un total de 2 600 km, en siete semanas. Otra pareja alemana que lo hacía a pie en etapas de unos 800 a 1000 km por vez, tres en total, porque no disponía de vacaciones suficientes para hacerlo en una. Una señora alemana jubilada que lo hizo a pie desde su pueblo natal. Todas personas que no se arrepintieron ni un momento de su hazaña, al contrario, la recordaban como una experiencia culminante en su vida.

Pasada la mitad del Camino abundan cada vez más los peregrinos. Decidimos evitar los refugios por dos razones: no les queremos quitar el hospedaje barato a esta multitud de jóvenes que quizás no puede pagarse un hotel. Segundo, no nos agrada la idea de compartir las habitaciones hacinadas ni utilizar baños entre masas. Optaremos por hoteles con la cantidad de estrellas que se presenten y varias veces, para evitar las ciudades que, como ya se ha vuelto agosto, están en manos de los turistas españoles, emprendemos la búsqueda del hospedaje antes de arribar a los centros urbanos, y así conseguimos alojamiento en casas privadas, lo que nos proporciona otro tipo de contacto: con el lugareño.

En el Camino hay tres paradores; uno en Santo Domingo de la Calzada, el segundo en León y el tercero en Santiago mismo. Se trata de hoteles establecidos siempre en antros antiguos, por ejemplo los dos últimos en hospitales de peregrinos del siglo XV construidos bajo el reinado de los Reyes Católicos. El decorado interior es muy refinado, con objetos de arte, de modo que nos encontramos en hoteles museo, amén de hoteles de lujo. El único en el que logramos pernoctar es el de León ¡los otros dos se encuentran completos! ¡Saco la cuenta de que esta dormida nos ha costado nada menos que 15 euros la hora, dado que llegamos tarde y zarpamos muy temprano! Luego me arrepentí de no haber gozado un poco del lujo circundante, de no haberme levantado tarde una vez, de no haber desayunado como una reina en este ambiente tan exquisito. Me sentía bajo la presión de proseguir al ritmo establecido de partidas a las siete de la mañana que una salida tardía hubiera descompuesto. ¡Una pena!

Los refugios no proporcionan **comidas**, en algunos existe la posibilidad de cocinarse algo y, raras veces, ofrecen un desayuno ligero. Ante los desayunos tardíos y frugales en los bares — un café y un croissant o las famosas magdalenas — optamos por comprar jamón serrano y un pan la noche previa para obtener una buena base de calorías para el pedaleo. Luego, cuando veíamos un bar abierto, ¡muchas veces recién después de las 9 h en estos pueblecillos perdidos!, nos tomábamos el café con leche del que habíamos tenido que prescindir a tan temprana hora. Para nuestras cantimploras siempre encontrábamos agua en bares o fuentes, y recién por las 14 h entrábamos a descansar y a comer a un restaurante. Por suerte consumir un menú de dos platos y postre nos llevaba más de una hora, lo que las piernas agradecían. En España se puede almorzar o *comer* desde las 13 h hasta las 16 h. La cena con suerte se consigue a partir de las 19 y 30.

A pesar de que por lo general deseábamos comer un menú completo, algunas veces, en los pueblos, nos resultaba imposible enterarnos de antemano de los platos que se ofrecían ese día en el restorán. En Viana, etapa Arcos-Viana, los lugareños nos habían recomendado un restaurante determinado. Eran las 12 y 45 y recién comenzaban a servir a las 13 h. Estábamos dispuestos a esperar, pero queríamos saber los pormenores del menú — ¡recién era el segundo día del viaje! Muy amable, la señorita del bar desapareció en la cocina. Volvió con una camarera que se disculpó, que el menú todavía no estaba pronto. —Bueno, pero me lo podrá decir así oralmente — le contesto. No, fue imposible sonsacarle ese secreto tan valioso. Como no queríamos hacer experimentos con otros restoranes, continuamos la espera acompañada del gran interrogante. Puntualmente a las 13 h se abrió el comedor y las camareras venían con una pequeña libretita cuadriculada, nos leían las distintas opciones para cada plato del menú, las tenían que repetir porque no éramos capaces de recordar todos los manjares un tanto desconocidos para nosotros ycomimos estupendamente. Nos volvió a pasar lo mismo en Castrojeriz, pero ya duchos en la materia, no insistimos con nuestras preguntas molestas. Dicho sea de paso, el precio de estos menúes oscila entre 8 y diez euros.

El viaje

El día 23 de julio del 2000 partimos de Madrid en tren a Pamplona. El planificar este pequeño trecho me había costado mucho sudor. Le había pedido a Pedro, residente en la capital española, que me averiguase los horarios de los trenes para pasajeros con bicicletas. Respuesta negativa: en España solo se pueden llevar bicis en los Talgos nocturnos, los rápidos, pero a Pamplona no los hay. Yo me quedo helada. — ¿Pero, se podrán poner en un furgón o algo similar? —pregunto de regreso. Nueva contestación negativa. En Múnich, mi ciudad de residencia, llamo a la estación y todo lo que me pueden decir es, muy a diferencia de lo indagado por Pedro, que en España solo es posible llevar bicicletas en trenes regionales. Como la casilla de correo de la Oficina de Turismo española en Alemania está llena, es decir, no logro comunicarme con ningún empleado, busco otro medio de información. A través de informes internacionales averiguo el número de teléfono de la RENFE en Pamplona y llamo:

Yo: — Se puede llevar bicicleta en el tren de Madrid a Pamplona?

RENFE: — No, señorita, no.

Yo: — ¿Pero no habrá un regional?

RENFE : — Ah, sí. En el regional sí, pero tiene que cambiar en Vitoria.

Yo: — ¿Me puede dar el horario, por favor?

RENFE : — Sí, claro. Salida de Madrid a las 13 h, llega a Vitoria a las 18 y 50, parte a las 19 y llega a Pamplona a las 20.

Yo, contentísima: — Muchísimas gracias.

Le comunico a Pedro por emilio que el asunto está arreglado. Él no puede creerlo, vuelve a pedirle a su secretaria que averigüe en Madrid. Nueva contestación: — No es posible llevar bicis en el tren a Pamplona. — Yo, un tanto histérica, vuelvo a llamar a la RENFE de Pamplona. La conversación anterior se repite casi idénticamente, esta vez con otro empleado allá. La primera contestación siempre es un rotundo no. Al insistir, se me abre una puerta. Contacto nuevamente a Pedro, este, desconfiado, pregunta otra vez, y obtiene la misma respuesta. En total, yo llamo cuatro veces desde Alemania a la RENFE de Pamplona, llegando a hablar con tres empleados diferentes, me armo de valor y asumo que lo que me han dicho es correcto: nos vamos en avión de Alemania con las bicicletas para montarnos en el tren en la estación de Chamartín de Madrid. Saco los billetes por unos 25 euros por persona, compramos unos bocadillos y una gran botella de agua y nos montamos en un tren moderno, limpio, cómodo, con aire acondicionado y sobre todo... con un vagón especial para colocar bicicletas ¡hasta con el pictograma al lado de la puerta!

Decididamente la comunicación verbal, premisa para el entendimiento mutuo, nos plantea un gran problema en España. Esta experiencia la volveré a hacer sendas veces durante nuestra estadía. Me pregunto cómo le irá a los extranjeros que no dominan la lengua. O quizás hasta tengan menos problemas ellos porque a menudo ante mis preguntas tengo la impresión de que los españoles piensan que yo debiera conocer la contestación, es decir, que creen que les estoy tomando el pelo. El resultado es una cara de desprecio y una respuesta malhumorada. Pero me consuela saber que a los españoles no les va mejor entre ellos, véase la experiencia con la secretaria de Pedro y otras que me acontecerán durante el viaje.

En el trayecto en tren, un tanto largo, disfrutamos del paisaje de la seca meseta castellana y al llegar a Pamplona nos percatamos de que solo hay autobús a Roncesvalles por la mañana. Juan se había propuesto comenzar en la frontera francesa y yo no había sido capaz de disuadirlo de esta decisión. Como las vías férreas de todos modos terminan en Pamplona, yo había pensado que nos podríamos ahorrar los 42 km desde Roncesvalles. Pero no. Para mi marido, el Camino es toda España y comienza en la frontera francesa. Así que tomamos un taxi por unos 43 euros y antes de las 22 h arribamos a **Roncesvalles**.

Cómodamente sentados en los asientos del automóvil podíamos admirar la frondosa naturaleza en nuestro derredor, pero sobre todo las subidas y bajadas que el coche pasaba sin rezongar y que a nosotros nos llenaban de angustia por adelantado, pensando en nuestro sufrimiento montados en las bicis al día siguiente... Además el tiempo estaba lluvioso, la carretera mojada. Sabíamos que el clima del norte español es muy húmedo, pero lluvia como recibimiento nos parecía un poco fuera de lugar.

43

Roncesvalles cuenta con un par de edificios nada más. Uno de ellos es el albergue de peregrinos. Yo me precipité hacia él para conseguir lugar. Bien que hice porque ya estaban por cerrar. Aquí aprendí que todos los refugios cierran sus puertas a las 22 h. Igual esta sería la primera y última vez que buscamos hospedaje a una hora tan tardía. Debo decir que ya aquí tuvimos suerte de obtener cucheta. A la mañana siguiente me tropezaría con un grupo grande de jóvenes durmiendo en el mero suelo. Este piso seguro que era muy incómodo y frío: era del famoso guijoneado, pequeñas piedritas colocadas verticalmente de modo que el terreno no queda totalmente plano. Con este tipo de revestimiento — de bajo costo, pero muy duradero — nos tropezaremos a lo largo del Camino tanto en casas privadas, como en construcciones importantes, en iglesias o ayuntamientos.

Para dormir en un albergue hay que traer su propio saco de dormir. En Múnich yo le había expuesto a Juan mis razones por las cuales no deseaba pernoctar en refugio: ruidos, como ronquidos o charlas de los compañeros de sala que estorbarían un sueño que necesitaríamos enormemente para reponernos del cansancio diurno y, por otra parte, el peso que significaba el transporte de los sacos de dormir en las bicicletas. De Múnich habíamos partido sin sacos de dormir, pero a Juan no lo dejaba tranquilo la idea de prescindir de algún punto clave del peregrinaje. El alojamiento en albergue constituía uno de ellos. En Madrid, el sábado 22 de julio, la noche antes de partir en tren a Pamplona, vuelve a hablar del tema. Yo me rindo ante su insistencia. Son las 19 y 30. Llama por teléfono al Corte Inglés para averiguar si venden sacos de dormir. Los hay en la sucursal de la calle Goya y tiene abierto hasta las 22 h. A las 21 h estamos invitados a la cena de cumpleaños de Pedro en un restaurante cercano a esta tienda. Nos vestimos volando y tomamos el metro en la esquina, cargados con el gran paquete de regalo para Pedro. Y del Corte Inglés salimos con dos grandes paquetes más. Al cumpleaños llegaremos apenas un poco tarde, lo que no llama la atención a nadie. Al día siguiente quito unas remeras, etcétera, de las mochilas para hacerle lugar a nuestros novísimos sacos de dormir… No hay más discusión y está claro que vamos a dormir en albergues, aunque se verá que no lo haremos siempre, seis noches en total.

En el albergue de Roncesvalles, apenas habíamos colocado

nuestras bicis al lado de nuestra cucheta, como me había indicado el administrador, cayó la noche. Ya instalados, pudimos admirar los muros medievales que nos rodeaban. Nos encontrábamos en una especie de fortaleza. Comienzo ideal para nuestro peregrinaje, sumergidos en tiempos remotos, en los que el peregrino necesitaba protección de asaltantes o animales salvajes.

A la mañana siguiente rellené los formularios para la credencial del peregrino en la cual todas las noches nos haríamos poner el sello del pueblo, del albergue o de la iglesia. Algunos peregrinos coleccionan estos sellos, es decir, se los hacen poner en cada iglesia por la que pasan. En los formularios, además de nombre, nacionalidad, etcétera, se debe indicar el motivo del viaje: a) religioso, b) cultural, c) espiritual, d) deporte o e) otros. A Juan le pongo religioso; para mí, cultural-espiritual. El deporte no deja de ser un motivo para todos, ya que el atravesar el norte español con sus montañas significa un verdadero reto.

Somos los únicos que nos damos una ducha — fría o helada. Durante todo el Camino nos daremos diariamente dos duchas: una a la llegada para sacarnos el sudor, otra en la madrugada para salir frescos. Todos los albergues tienen agua caliente en la noche, no así en las mañanas.

Salimos a la neblina. ¡Roncesvalles fantasmagórico! Visitamos la colegiata — ¡abierta a las 7 de la mañana! — en la penumbra. Apenas penetra un poco de luz difusa por las vedrerías oscuras. Todo parece irreal. ¿En qué tiempo estamos? ¿Revivirá la leyenda en este lugar tan lleno de misticismo?

Primera etapa

Desayunamos en el hostal a 50 m, colocamos bien las mochilas en las bicis; Juan les tiene que acomodar los frenos y el cuentakilómetros y — muy tarde, recién por las 9 h, con unos 14° — ¡emprendemos **el 24 de julio la primera etapa de 42 km de Roncesvalles a Pamplona!**

Estoy un poco nerviosa porque temo que Juan — a su edad de 65 años y con necrosis detectada en la cadera — vaya a tener problemas. Él, por si acaso, se ha comprado un cuentakilómetros con medidor de pulso a través de un cinturón que se coloca en el pecho. Los primeros días le marcará un pulso muy alto, de 180 que después de subidas a montañas no parece querer regularizarse. Esto nos preocupa un poco, pero a partir del cuarto día su pulso se mantiene bastante constante a 115. La cadera no le dolerá nunca en el Camino, ya que andando en la bici está liberada del peso del cuerpo, tal como el médico le había explicado de antemano.

El paisaje es hermoso, montañoso, verde, arbolado. Pasamos por pequeños pueblos con las casas adornadas con flores en los balcones, o bien, colocadas a lo largo de las veredas. Me recuerdan a Baviera, donde las amas de casa parecen participar en un certamen de cuál tiene los geranios más bellos. Pues el norte español no tiene nada que envidiarle al sur alemán, demuestra el mismo amor por la belleza y un gran sentido de estética.

Además en estos pueblos observamos la creación de la estructura de su edificación: poco a poco y con el paso del tiempo se fueron construyendo las casas bordeando la ruta por la cual pasaban los peregrinos. Es decir, que el Camino constituyó el eje central para edificar tanto las casas como las iglesias y los hospicios. A este eje se le llama sirga que significa cordón por analogía con aquel del cual el peregrino cuelga su calabaza. Y estos pueblos se asemejan a un cuerda, es decir, son estrechos y largos en general. Este principio constructivo se repite a lo largo de todo el Camino.

Tenemos que rodar por la angosta carretera nacional en medio del tráfico, dado que el intento por el Camino resulta decepcionante como ya he mencionado antes.

Después de disipadas las nieblas matutinas, el tiempo se

46

compone llegando a una máxima de 30º. En cuatro horas, cerca de la una, llegamos a **Pamplona**. Nos quedamos impresionados con la silueta de la ciudad encerrada en sus poderosas murallas antiguas. Como no encontramos el albergue, entramos en la oficina de turismo, por suerte, porque el albergue está en reformas y los peregrinos pernoctan en un gimnasio a la salida de la ciudad. Allí vamos nosotros, pagamos nuestros 2,50 euros por persona — ¡pensar que solo en Roncesvalles dormimos gratis! — dejamos las mochilas ocupando dos cuchetas y volvemos al centro para ir a comer. Aquí cometemos un error que no volveremos a repetir: como no sabemos dónde se almuerza bien, nos dejamos llevar por el aspecto externo. En el restaurante de la plaza del Castillo, en donde más comensales hay, nos acomodamos, suponiendo que es el que mejor comida sirve. Resultó ser una idea malísima que nos proporcionó la peor comida de todo nuestro viaje. Los otros clientes piensan exactamente lo mismo que nosotros: vienen atraídos por la cantidad de personas, pero todas son extrañas al lugar como nosotros. Es una lección que nos sirve para el futuro: de ahora en adelante, preguntaremos a los lugareños por buenos restoranes obteniendo excelentes resultados.

Visitados la estatua de Hemingway en la Plaza de Toros, el ayuntamiento y la catedral-museo, en la que se cobra entrada como en tantas iglesias en España, preguntamos por una bicicletería para que me ajusten un freno. Con la ayuda del mapita la encontramos, pero vaya decepción: eran las 18 h y el taller solo tenía abierto de 11 a 13 h. ¡Primer roce con los horarios españoles! ¡Nos va a resultar difícil acostumbrarnos a ellos!

Estábamos cansados y decidimos retornar a nuestro albergue, previo aprovisionamiento con pan, jamón, fruta y un jugo. Tengo el primer contacto con peregrinos heridos que se están poniendo curitas en las llagas de los pies. ¿Servirán para algo? Me puse a lavar la ropa del día anterior, cosa que haría todas las noches. La colgué en unas cuerdas en el patio enorme del gimnasio, aunque el cielo se presentaba nublado. Gran error — como constataría a la mañana siguiente. Ya en la madrugada comencé a oír un ruido muy constante en el techo de zinc de nuestro dormitorio. Al rato no me cabía la menor duda: estaba lloviendo, de a ratos — a cántaros. Me despedí de mi ropa que iba a tener que llevar empapada, aunque bien enjuagada. A las ocho seguía lloviendo, pero había que abandonar el albergue, porque como regla debe quedar desalojado a esta hora.

No fuimos muy lejos: enfrente había un regio cafecito con un rico desayuno. Y media hora más tarde paró de llover. Era el segundo día y nuevamente nos fue imposible cumplir con el horario que nos habíamos propuesto, es decir, de zarpar a eso de las siete, pero al menos seguíamos secos. Compadecimos a los pobres peregrinos que habían salido por las seis o siete de la mañana. ¡En la noche oiríamos sus quejas!

Segunda etapa

Es el segundo día, martes 25 de julio, etapa Pamplona - Estella de 42 km.

El cielo se está despejando y después de Pamplona nos rodean los campos amarillos de trigo cosechado. Nuevamente un paisaje montañoso bellísimo. Pero tenemos que pasar el **Alto del Perdón** a solo 780 m de altura — es duro. Con varias paradas para recobrar fuerzas llegamos a su cima. Aquí habremos aprendido a odiar un cartel que — como conductores de autos — amamos: aquel que anuncia un segundo carril en el sentido en que uno está conduciendo, es decir, una vía para adelantar los vehículos lentos que suben las montañas arrastrándose. Como nosotros no vamos a adelantar a nadie con nuestras bicis, la única información que recibimos del cartel es: subida. ¡Horror! Pero, por otro lado nos alegramos cuando aparece otro tipo de cartel: aquel que informa el final de ese segundo carril. Nosotros leemos: ¡Hemos llegado a la cima! ¡Viva, ahora emprendemos la bajada, se ha acabado la tortura!

Estas bajadas pueden ser muy largas, de hasta 20 km. Si van prácticamente en línea recta y el tráfico no es demasiado intenso, rodamos a hasta 45 km/hora. Claro está que recién después de una etapa de aclimatización, al cabo de algunos días.

En este sitio son unos ocho km de placer hasta **Óbanos**. En el desvío al pueblo hacemos una experiencia típica para la zona: vemos llegar una serie de jeeps de la policía caminera, unos cinco o seis en total, de los cuales se precipitan unos veinte policías, provistos de chaleco antibala y ametralladora en mano. Me quedo helada. Me vienen recuerdos. ¿Qué habrá pasado? Ya en Pamplona había visto la Casa de Gobierno custodiada por guardias con ametralladora, así que me animo a preguntar directamente. Un policía me contesta muy amablemente: — Se trata de un simple control de tráfico. ¿Usted no sabe lo que ocurre en nuestro país? — ¡Un español explicándole el funcionamiento de la guerrilla a un sudamericano! —Bueno, sí, — le contesto — además somos latinoamericanos y debiéramos estar acostumbrados a este tipo de espectáculo. Pero igual aquí en Europa... ¡Qué paz reina en el

Camino! — Ellos se ríen, nosotros nos reímos y partimos. A los pocos días leemos en el diario que un funcionario de estado ha muerto por medio de una bomba etarra. Las semanas siguientes, una vez cada siete días, un asesinato perpetuado por la ETA, un entierro, bombas, sangre, escombros. Termino comprendiendo bien los chalecos antibala, las ametralladoras…

De Óbanos nos desviamos un poco para ir a **Eunate**, una pequeña iglesia solitaria, perdida en la nada. Me recuerda a la Wieskirche en Baviera, en medio de los campos, con la diferencia de que la española es totalmente austera, excepto los canecillos, las figuras que la bordean por fuera debajo del techo. Continuamos a la famosa **Puente de la Reina**. Aquí, como en tantos otros pueblos, los reyes habían mandado construir un puente para facilitarles la pasada de un río a los peregrinos. Pero el puente se encuentra a la salida del poblado, no a la entrada, como nos hace suponer Paulo Coelho en su novela. Me pregunto si Coelho ha hecho el Camino. No solo por este detalle. También su descripción de lo que para mí fue el cúlmino del Camino, el Cebreiro, o la falta de esta, me inducen a pensar que ha imaginado su historia, lo que también es admirable. Pero debo retractarme porque en sus *"Confesiones de un peregrino"* advierte que el Camino dividió su vida en dos, en un antes y un después. ¡Más impactante no podría haber sido su experiencia!

En Eunate habíamos conversado con dos españoles peregrinos ciclistas. Nos dieron una información útil: no tomar el Camino por lo menos hasta Burgos porque con bici es imposible rodar en él. ¿Cómo lo sabían? Ya lo habían probado el año anterior… Ese día los volveríamos a encontrar varias veces, tras experiencias muy disímiles.

Entramos en Puente de la Reina y nos llaman la atención los balcones adornados con una tela roja o blanca; además, la gente en su traje típico vasco, camisa y pantalón blancos y pañuelo rojo al cuello. Hasta los bebés todos de blanco, pero con cordones rojos en las zapatillas blancas y una moña colorada en el cabello. ¡Pero si es nada menos que el **25 de julio, el día de Santiago**, de su cumpleaños, de él que para más es patrón de esta ciudad! Es día de fiesta. En la iglesia, dedicada a Santiago el Mayor, hay misa. La mayor ya ha pasado, pero esta de las doce, en una iglesia repleta de gente vestida con su traje tradicional, nos impresiona mucho. El cura nos menciona repetidas veces. Sí, a nosotros los peregrinos. Claro está, si estamos en la iglesia de nuestro patrono. Ahí está su estatua que lo muestra con la indumentaria de peregrino. Y va a haber procesión. Participaremos, aunque no estaba en nuestros cálculos de tiempo.

No somos los únicos que deben cambiar su programa: la procesión se traslada al claustro porque ha comenzado a llover intensamente. ¡Pobres nuestros amigos ciclistas de Eunate que habíamos vuelto a encontrar en la misa! ¡Por no escucharla hasta el final, por malos cristianos, se habrán empapado!

En el claustro ya habíamos penetrado antes de la procesión, degustando un vino navarro acompañado de salchichón y pan, restos del festejo en nombre de Santiago. Como peregrinos nos parece que estos manjares nos corresponden, que es una forma de tomar parte en la fiesta. Y luego veremos que hemos hecho bien, porque nos será imposible almorzar en este pueblo, cuyos restoranes han sido invadidos por sus habitantes, decididos a seguir disfrutando este día especial de festejo.

Nosotros, muy agradecidos y emocionados por este acto de la Providencia, que nos ha procurado presenciar la veneración viva de Santiago, aprovechamos el cese de la lluvia para continuar nuestro camino. Son las 14 h pero con unos 25º, el día más fresco del recorrido. Nos encontramos por tercera vez con los amigos ciclistas que nos relatan que se han mojado hasta los huesos bajo un chubasco.

En **Estella**, alrededor de las 17 h, nos dirigimos directamente al albergue, en el cual conseguimos uno de los últimos lugares. Como las sábanas que recubren los colchones están en un estado lamentable de limpieza, pido que las cambien. Pero ni siquiera argumentando con que es el día de Santiago, logro hacer aparecer coberturas limpias. Es el único albergue del cual me puedo quejar.

En el patio cuelgo la ropa mojada de Pamplona. Se secará en dos horas, porque entremedio las nubes han abandonado el cielo para dejarlo azul. Pero, ¡qué espectáculo en el patio! Una armada de botas alineadas a lo largo del muro tomando sol. ¡Pobres caminantes! ¿Cuántas horas habrán arrastrado en la suela de sus zapatos el lodo ablandado por la lluvia? ¿A lo largo de cuántos kilómetros? Ha sido un día duro, agotador para ellos, mientras que nosotros no hemos sentido ninguna molestia por el agua, ventaja proporcionada por el asfalto de la civilización.

Después de dar una vuelta por Estella, nos enteramos de que también aquí va a haber procesión. Saldrá de nuestro refugio a la cercana iglesia de San Pedro de la Rúa. Luego de la misa habrá chorizos con pan — de gusto similar al uruguayo —, un caldo exquisito, vino y dulces de postre. Todo acompañado del acordeón y canto de un anciano ciego que, además de componer música, ha sido el promotor del peregrinaje aquí en Estella. Nosotros lo gozamos tanto, que hasta nos ponemos a bailar, mientras la multitud une su voz a la del músico. De pronto nos damos cuenta de que debemos apresurarnos: son casi las diez de la noche, hora a la cual el albergue cierra.

A la mañana siguiente será un nuevo ruido el que nos despierta: Es el canto del gallo. ¿De dónde proviene? Del gallinero en el fondo del albergue. El gallo no se contentará con una única advertencia del comienzo del día. La repetirá varias veces como para estar seguro de que ha despertado hasta al último peregrino.

Tomamos el desayuno en el albergue — el único que nos lo brindó (por unos 3 euros) —, pero nos damos cuenta de que café con leche con unas galletitas, margarina y mermelada no es base para un día en bici.

Tercera etapa

Es miércoles, 26 de julio, tercera etapa, de Estella a Logroño, de 56 km.

El sol nuevamente rige sin competidores en su reino, prometiendo calor para la tarde.

Partimos a las 7 y media, ¡oh triunfo! Al llegar a las 8 h al Monasterio de Irache gran desilusión: recién abre a las nueve y media. Mientras Juan prueba del vino gratuito que fluye de la fuente de la Bodega Irache, de gusto muy regular según el paladar de Juan, pasan varios peregrinos. Les comunico que el monasterio todavía está cerrado, pero me doy cuenta de que, en realidad, no tenían intención de dirigirse a él. No compartan mi desilusión ante esas puertas cerradas porque solo se han propuesto avanzar.

Antes de llegar a **Los Arcos** nos encontramos con un lugareño entrado en años que ya nos había llamado la atención caminando solo a lo largo de la carretera y blandiendo su bastón contra los conductores. Como nosotros hemos parado para estudiar el mapa, él se dirige hacia nosotros con el fin de entablar una conversación. Nos relata su vida y finalmente promete incluirnos en sus plegarias. La idea de que alguien, sobre todo un desconocido, nos va a recordar en sus rezos, nos llena de emoción.

Los Arcos a las diez de la mañana parece un pueblo muerto. Apenas algunos peregrinos delante de la iglesia de Santa María, aún cerrada. A nosotros nos parece incongruente que en un país católico las iglesias estén la mayor parte del día cerradas. Se abren para la misa, a cuyo término se vuelven a cerrar. Estoy de acuerdo en que son lugares de culto, pero no olvidemos que también son joyas de la arquitectura y del arte. Por eso tenemos la suerte de poder visitar algunas cuando están custodiadas, por lo general por chicas jóvenes. Por consiguiente el horario de apertura está reducido a las horas de trabajo de estas guardianas, por lo general de 9 ó 10 a 12 h y de 16 a 19 h; a menudo, su presencia implica el cobro de entrada. Nosotros, que venimos de Baviera, la provincia alemana más católica, estamos acostumbrados a encontrar las iglesias abiertas prácticamente todo el día. Allá, en algunos casos, el altar con sus obras valiosas está resguardado de manos ávidas o dañinas por un sistema de alarma o una elaborada reja de hierro que no nos impide admirar los trabajos expuestos detrás de ella. Nos preguntamos por qué esto no es posible en España. Nos dolió mucho no poder visitar el interior de muchas iglesias, por no llegar a ellas en el preciso momento en que se celebraba la misa o en que disponía de vigilancia, amén de todas aquellas cerradas por obras de restauración. Así tuvimos que prescindir del gran aporte cultural que ellas representan porque en bicicleta es imposible hacer el programa por un lado según el sol o las posibilidades físicas de uno, por otro lado según la apertura de iglesias, etcétera.

Al abandonar Los Arcos nos acordamos del consejo dado por un señor: no tomar la carretera de la derecha por ser muy montañosa, sino la nueva carretera a Logroño. Pero llegamos a una bifurcación y no sabemos cuál es la que atraviesa la llanura. Aquí no hay gente. Trato de parar algún coche. Unos jóvenes se apiadan de mí y paran. Nos indican una de las dos carreteras como la mejor porque han visto pasar muchos ciclistas por ella. Yo no estoy muy segura de que esta sea buena razón para la decisión, porque hemos visto muchos ciclistas de carrera divirtiéndose subiendo y bajando montañas…

Va a ser uno de los peores días del viaje, probablemente por carencia de entrenamiento: nos hemos equivocado y hemos tomado la ruta montañosa, 18 km. de subidas y bajadas. Además el temido viento soplando del oeste nos frena, de modo que nos impide sacarle provecho al envión de las bajadas. Estoy tan deshecha y furiosa con nosotros mismos por haber tomado la calle errónea a pesar de la advertencia recibida que no quiero ni desviarme los trescientos metros a **Torres del Río**. Aquí se encuentra una iglesia de arquitectura semejante a la de Eunate, es decir, de forma octogonal. Malhumorada, pero reuniendo mis últimas fuerzas, me dejo llevar por mis ansias de cultura. Decepción, como tantas veces: la iglesia románica del Santo Sepulcro, supuestamente perteneciente a la orden de los Templarios, está cerrada. Son las once de la mañana.

Una hora más tarde llegamos exhaustos y acalorados a **Viana**. Hemos hecho una media de 9 km/h, pero los ciclistas en sus uniformes que nos habían estado adelantando, seguro que se vanagloriaron de una media mucho mejor. Claro, ellos entrenándose para alguna carrera, profesionales, sin equipaje, que habían venido en búsqueda de un trayecto dificultoso. Mientras que nosotros habíamos querido evitarlo....

En Viana, la iglesia de Santa María — ¡oh milagro! — está abierta. Después de visitarla y de admirar las casas adornadas de antiguos blasones en estas calles angostas, preguntamos a unos señores mayores, reunidos en la sombra de la plaza, por un restorán. Nos nombran uno y nos explican cómo llegar a él, pero no lo encontramos. Al preguntar a otras personas recibimos una explicación diferente con nuevo resultado negativo. Por tercera vez molesto a alguien que me responde: «Está ahí enfrente. A usted le han dicho el nombre viejo. Pero estése tranquila que es ese.» Varias veces habíamos pasado delante de un restaurante, pero el nombre no correspondía con el que me había sido nombrado. ¿Cómo íbamos a adivinar que ya se llamaba distinto? Volví a preguntarme cómo se las arregla un extranjero en España. Comprendo cada vez más la necesidad de los seminarios sobre comunicación intercultural, dada la falta de comprensión solo por medio del dominio de una lengua.

El embrollo valió la pena: Comimos excelentemente, en mesas impecables con manteles limpios y servilletas de género, un menú completo a precio muy módico de unos siete euros. Repuestos, visitamos las murallas altísimas de este encantador pueblo, desde las cuales admiramos el hermoso paisaje en derredor con una planicie delante nuestro, pero totalmente rodeada de montañas. Cuando preguntamos a otros jubilados — por la edad los catalogamos como tales en estos pueblos perdidos exentos de jóvenes — acerca de los nombres de los cerros, nueva confusión: no se ponían de acuerdo y desistimos. Pero allá a lo lejos, siguiendo una carretera recta, toda en bajada — ¡oh bendición! — estaba nuestra siguiente meta: **Logroño, a solo 9 km.**

A pesar del calor nos subimos a las bicis. La bajada era muy fácil, pero al llegar a Logroño, capital de la provincia del mismo nombre, nos tropezamos con tantos cruces de carreteras, todos con carteles indicando la entrada a la ciudad, que nos quedamos confundidos y perdidos. Cada vez se tornaba más claro que los mapas y nuestra guía eran insuficientes. A las tres de la tarde es difícil encontrar gente en la calle, pero logramos parar un coche. Por suerte, porque sino hubiéramos dado una gran vuelta innecesaria en el calor de la siesta.

Lo que sí siempre resulta fácil, es encontrar los albergues, ya que están ubicados sobre la sirga, la cual se halla muy bien indicada por medio de una flecha amarilla en los muros de las casas y en la calle, y además por los carteles con la concha amarilla, semejante a un sol, y con la figura del peregrino. Recordemos que la vieira es el símbolo del peregrino, mientras que la sirga viene a ser el Camino o la cuerda en la cual las poblaciones de este dejan su huella en forma de nudos. Es representación alegórica del acontecer histórico, dado que es a través del pasaje de los peregrinos siempre por los mismos lugares que en estos se van formando asentamientos. Se trata de una doble fertilización: porque pasa el peregrino se crea un poblado y porque el poblado abastece al peregrino, este sigue pasando por él. En todo caso, los pueblos de la sirga tienen una característica particular: ¡Como es a lo largo de la sirga que se van construyendo las casas, resultan pueblos largos y estrechos!

El hospedaje en Logroño para 84 personas estaba catalogado en nuestra guía como uno de los mejores y así era realmente. Tiene algunos lujos como máquina de lavar y de secar ropa — ¡de haber sabido! — y aparcadero de bicicletas en un hall interior. Aquí ya seremos unos diez ciclistas, mientras que en Roncesvalles y en Pamplona habíamos sido unos seis; el número de nuestros colegas decididamente va en aumento. Además en el patio se halla una fuente y unos peregrinos están sentados en su derredor con los pies en el agua con el fin de aplacar sus dolores. Un español gracioso, al ver este espectáculo, exclama: «¡Vaya albergue! ¡Hasta con jacuzzi!»

Leo un gran cartel de la Asociación de Amigos del Camino pidiendo firmas en apoyo de su postura en contra de la del Ayuntamiento. Este ha propuesto asfaltar los últimos kilómetros del Camino de entrada hacia la ciudad de Logroño, pero la Asociación opina que el Camino debe quedarse como está, es decir, con piedras, pendientes acentuadas, lodo en la lluvia... Se ve que hay un movimiento tradicionalista que desea conservarlo con su encanto de antaño, lo que no está mal. ¡Y nosotros que no lo habíamos tomado, montados en nuestras bicis, porque nos resultaba demasiado polvoriento y caluroso bajo el sol de la tarde! Quizás a la asociación también se le ocurre una solución para que los ciclistas no tengan que circular ni en las carreteras nacionales ni en el Camino, pero sí en rutas adecuadas exentas del peligro del tráfico.

Para evitar el sol y para reponernos, aprovechamos a descansar bastante solitarios en nuestras limpias cuchetas del albergue. Recién por las 18 y 30 empezamos a visitar la ciudad y cenamos en la calle de los Laureles, muy amena con su sinfín de bares y restaurantes. En la noche, en el dormitorio, una niña sueña y grita: «¡Mamá, no!» Pobrecita, ¿está traumada por las caminatas? ¿No será demasiado duro exigirle a un niño de diez años tanto sacrificio? De hecho, nos encontramos con varias familias —españolas— con niños de esta edad. ¿No es muy cansador? ¿Qué les contarán a sus compañeritos?

Dada la experiencia a la entrada de Logroño, a la mañana siguiente, **jueves 27 de julio** me dirijo muy astutamente a la comisaría ubicada enfrente del albergue para informarme sobre la salida de esta ciudad relativamente grande. Aclaro que estamos en bicicleta y salgo muy orgullosa a comunicarle a Juan los conocimientos adquiridos de la mejor fuente. Desayunamos en un bar y, después de atravesar toda la ciudad, nos encontramos delante de una autovía. No puede ser, me digo. Expliqué bien que estamos en bici, además, el policía la había visto, ¿cómo me puede mandar a la autopista? Dudo nuevamente de mis conocimientos de la lengua castellana que considero mi lengua materna. ¿O es la famosa comprensión intercultural que falla nuevamente? Preguntamos a una señora: «No, no va a tomar la autovía. Es muy peligrosa. Vuélvase y tome el Camino. Yo lo he hecho en parte y está muy bien.» Pero nuestra guía no recomienda el Camino para el ciclista. Igual nos volvemos algunos cientos de metros y preguntamos nuevamente. Un motociclista nos manda de regreso a la autovía: «Solo son unos pocos km (resultarán ser unos ocho). Vayan por ahí que el Camino está muy malo». Excelente. De regreso otra vez. ¿Cuánto tiempo perdimos? ¿Media hora? En esta autovía no vemos un cartel que prohíba la circulación de bicicletas, pero no deja de ser un tanto suicida nuestra hazaña. De las carreteras estábamos acostumbrados a que los camiones y coches nos pasaran a alta velocidad, pero aquí, con la doble vía, pasan zumbando. Recuerdo las lecturas de los periódicos en los bares: el número de muertos en carreteras españolas, sobre todo en el correr de un fin de semana, a veces es de 48, otras de 52… ¿Estaremos entre ellos? ¡Un día leeré que un alemán ebrio embiste a un grupo de ciclistas en una curva matando a cuatro de ellos! Pero la época peor todavía está por venir: con el comienzo del mes de agosto partirá una nueva oleada de veraneantes por las rutas con un resultado escalofriante. Pero a nosotros algún ángel nos acompaña…

Cuarta etapa

Es la **cuarta etapa de Logroño hasta Santo Domingo de la Calzada de 46 km.** En esta comarca de la Rioja, asociada a la provincia de la Rioja en la Argentina, nos llaman la atención las similitudes entre ambas regiones: formaciones montañosas de tierra rojiza y el cultivo de la vid, que se ha extendido tanto, que esta planta bordea la carretera y sus hojas rozan mi bicicleta como dándome la bienvenida. Nos emocionan estas semejanzas ya que tenemos bellísimos recuerdos de un viaje por la provincia sudamericana.

También vemos carteles con el pictograma de hielo y un coche resbalándose. ¡Nos parece una burla en este calor achicharrador!

Dejamos **Navarrete** a un lado y seguimos a **Nájera** al borde del Najerilla y debajo de las montañas coloradas con sus cuevas que se divisan desde lejos. La iglesia Santa María La Real es una verdadera joya. De aquí tomaremos un taxi (por unos treinta euros) para visitar los monasterios de Suso (donde había vivido el eremita San Millán en el siglo V) y de Yuso, ubicados en un contorno hermoso. Están situados a unos 18 km de distancia de Nájera, pero no tenemos tiempo para hacer este desvío en las bicicletas porque en la noche estamos citados con unos amigos alemanes en Santo Domingo de la Calzada, con los cuales proseguiremos el Camino, ellos también en bicicleta. ¡Qué sensación la de estar sentado cómodamente en un coche!

Nuestro taxista parece ser muy creyente. Para mi suposición me baso en lo que veo: del espejo retrovisor cuelgan varias figuras de virgencitas y cruces. Además él me informa que aún lleva otras en el cofre. ¡Previniendo la protección multilateral! Pero en lo que respecta a su fe me equivoqué: el no va a misa. No tiene confianza ni en curas ni en monjas. Solo cree en la comunicación directa con el de arriba. ¿Será el prototipo del creyente español moderno?

De regreso en Nájera por las 13 y 30 le pedimos al taxista que nos indique un buen restaurante: «El Mono», que resulta excelente. A la hora partimos, pero esta resolución es fatal. Hace demasiado calor y no estamos acostumbrados a él. Buscamos un lugar con sombra pero esto no es fácil. Finalmente nos acostamos debajo de un arbolito donde corre el aire. Por las 16 y 30 nos levantamos para partir. Yo me siento mal, a vomitar. Miramos el termómetro integrado en los cuentakilómetros de nuestras bicicletas: ¡37° a la sombra! ¡Ahora entiendo por qué los españoles desaparecen en sus habitaciones frescas a la hora de la siesta! ¡No hay forma de escaparle al bochorno debajo de las ramas de un árbol!

Delante nuestro una subida. ¡No faltaba más! Llegamos a una gasolinera en la cumbre y me precipito a los baños para refrescarme. Los abandono empapada. Me pido una coca bien fría con cubitos de hielo. El líquido desaparece en un instante, pero tampoco el hielo se salva: me lo voy pasando por brazos, piernas y cara hasta que se ha licuado. Lentamente, me voy reponiendo. Los empleados solo me miran. Nadie hace un comentario. Nadie ofrece ayuda. El español me parece de granito. Un alemán —considerado tan frío ¿verdad? — se hubiera interesado por mí. Estoy decepcionada, pero bastante repuesta. Seguimos y ya divisamos **Santo Domingo de la Calzada** delante nuestro. Una larga bajada y a buscar hotel. El parador está lleno, pero en el Corregidor de tres estrellas (por 65 euros) hay lugar. Aquí pagamos por el aparcadero de las bicicletas en el garaje: ¡el mismo monto que por nuestras dormidas en un albergue! En un baño de inmersión me olvido del agotamiento de este día. Al anochecer recorremos el pueblo que no ofrece mucho aparte de la catedral de Santo Domingo con el gallinero en su interior, en homenaje a una leyenda que existe en múltiples versiones escritas y pictóricas, hasta en vitrales. La historia trata de un matrimonio que está haciendo el peregrinaje a Santiago en compañía de su hijo adolescente. Se hospedan en un mesón de este pueblo, donde la hija del mesonero se enamora del joven extranjero que no se interesa en absoluto por ella. La chica, en venganza de su desprecio, introduce un candelabro de plata en las pertenencias del hombre. A la mañana siguiente le comunicará el presunto hurto al juez que no tardará en arrestar al muchacho. El objeto es hallado y el joven condenado a la horca. Los padres continúan muy desconsolados su ruta y, al regreso de Santiago, pasan por delante de la horca, de la cual aún pende el cuerpo de su hijo. Oyen una voz que les advierte ¡que el ahorcado está con vida gracias a que Santiago lo ha estado sosteniendo todos esos días para salvar a este inocente! Corren a la casa del juez a comunicarle este milagro. Pero el magistrado, incrédulo, les responde: «Vuestro hijo está tan vivo como estas gallinas que estoy comiendo». En ese momento, las gallinas levantan vuelo de su plato y, ahora sí, el juez se queda convencido del milagro y de la inocencia del joven. Se apresura a liberar al chico y a colgar al mesonero y a su hija en su lugar. En recuerdo de esta emocionante leyenda, se exponen en un regio gallinero en la catedral de Santo Domingo de la Calzada dos gallinas blancas y un gallo que son repuestos cada quince días por otros.

El nombre de este pueblo proviene de santo Domingo que durante decenios se había dedicado a construir y mantener las calzadas de esta zona.

Aquí entramos en el albergue para que nos sellen las credenciales y, ¡oh alegría!, veo y compro inmediatamente las vieiras, el símbolo del peregrino. Amarraré una por delante de la carterita que llevo en el manubrio de la bicicleta y la segunda irá colgada atrás en la mochila de Juan. De este modo nos reconocerán rápido tanto de adelante como de atrás como peregrinos. ¡Y lo somos!

Quinta etapa

Al día siguiente, **el viernes 28 de julio,** emprendemos la **quinta etapa de 72 km, de Santo Domingo de la Calzada a Burgos.** A las 7 y 30 tenemos unos 14º y este día permanecerá bastante agradable. En un pueblo me asusto por el ruido de una sirena. — ¿Será un tren? — me pregunto. Pero luego descarto esta idea, porque ni vías pasan por esta zona. — ¿Será una ambulancia? ¿Habrá pasado algo? — Pero el pueblo permanece en su calma pétrea. Ahora me percato del causante del disturbio: Es un proveedor de pescado que ha llegado en su camioncito y llama a sus posibles clientes con su fuerte sirena. Asimismo se comporta el panadero como comprobamos en otro poblado.

Por las 12 h almorzamos a unos 32 km en **Villafranca Montes de Oca,** delante de la iglesia de Santiago, por supuesto cerrada, sobre el césped de su plaza, un delicioso pan con jamón serrano. Luego tendremos que subir al Puerto de la Pedraja a 1115 m de altura, que nos hace sufrir, pero que con algunas paradas para recobrar el aliento también lo dejamos atrás. ¡Claro está que siempre pedaleando, nunca empujando! En Zalduendo paramos a comer y tomar algo, y ya no nos quedan más que 15 km de bajada hasta **Burgos.**

Aquí dormiremos en el hotel Norte Londres por unos sesenta euros en pleno centro. Advertida por unos comentarios en guías turísticas sobre España, pregunto por el barullo. — Bueno, hoy es día de salida (viernes). La verdad es que la gente se quedará hasta tarde por las calles... Pero no se preocupe le daremos habitación en el cuarto piso y además los vidrios son dobles. — Pregunto por aire acondicionado. No hay. No importa. Dejaré las ventanas abiertas mientras salimos y las cerraremos para dormir. Tanto calor no hace aquí en la noche. Notaremos que hay gente en la calle hasta muy avanzada la madrugada...

La catedral es gigantesca, el Paseo del Espoleón por las 20 h rebasa de gente de todas las edades bien vestida, y en el restaurante en las afueras de Burgos comemos unas morcillas con el nombre de la ciudad, exquisitas, y un lechazo, un cordero de leche, estupendo. Aquí se dice que un buen cordero debe haber oído las campanas de la catedral de Burgos, sino no es de buena calidad. ¡Pues el nuestro seguro que las había oído! Claro está que este no era un restaurante cualquiera: en él come el Rey cuando se encuentra en la zona. Pero nuestros anfitriones, Myrna Lorena e Ignacio, no nos acompañan con esta delicia: ellos prefieren comer algo liviano por temor de no poder dormir luego. La verdad es que tenían razón porque un poco la sentí a la grasa, acostada en la cama, luego. Pero, en fin, en Burgos no volveré a estar muy pronto y valió la pena probar esta especialidad.

Además de la catedral con sus festejos de bodas, porque presenciamos dos, ¡una en la noche y otra en la mañana! lo que más me impresionó en Burgos fue la estatua del Cid Campeador, toda de bronce negro. Como hispanista me emocionó ver la representación de este gran héroe que conozco como todo hispanoamericano desde mis épocas de liceal. Otro hecho interesante fue el de percibir en un muro en las cercanías de la catedral una plaqueta con una inscripción que informaba que allí se había encontrado la imprenta de la primera edición de *La Celestina*. ¡Literatura vivida!

Sexta etapa

El sábado 29 de julio visitamos en la mañana la Cartuja de Miraflores de monjes cartujos que han hecho voto de silencio perpetuo, y el monasterio de San Pedro de Cardeñas con los sarcófagos del Cid y de su esposa Jimena. Después de haber estado albergados aquí durante setecientos años, los cuerpos fueron trasladados a la catedral de Burgos, donde están sepultados cerca del altar mayor. Pero lo que la mayoría de los turistas visita, y nosotros con ellos, es el convento de Las Huelgas, antigua residencia de verano de los reyes. Entre medio ya se hicieron las 13 h y por segunda vez gozamos de un picnic con pan y jamón serrano en el verde delante de una iglesia. **La etapa de hoy son solo 38 km de Burgos hasta Castrojeriz,** pero todavía no hemos hecho ninguno a causa de las visitas culturales, y el querido solcito comienza a hacerse sentir…

Nuestros amigos alemanes, muy buenos deportistas, ya hacía una hora que habían partido por el Camino en sus bicicletas. El día anterior habíamos hecho la experiencia de que ellos tardaban en el Camino lo que nosotros por la carretera. Es decir, que si nosotros hubiéramos tomado el Camino, hubiéramos necesitado mínimo un tercio más de tiempo y nuestro cansancio seguro hubiera sido mayor también. Por la presencia de nuestros amigos yo me sentía presionada a rodar los km estipulados, aunque hubiera preferido en muchas ocasiones tener más libertad de decisión. Lo mismo vale para ellos que a cada día sentían y nos manifestaban que eran capaces de andar más. Por lo tanto hacíamos los recorridos por separado pero nos encontrábamos diariamente porque la ruta es una. Cuando nosotros llegábamos a un poblado, ellos ya lo habían recorrido, ya se habían tomado sus cafecitos y estaban repuestos, mientras que nosotros arribábamos extenuados, teníamos toda la parte cultural a recorrer aún, de modo que no disponíamos de tiempo para descansar. Parejas tan dispares no debieran juntarse para tal empresa. Nosotros conocíamos nuestras diferencias, pero cada matrimonio se había alegrado por lo que el otro aportaba: ellos, su habilidad y fuerza en caso de percance o accidente; nosotros, el dominio de la lengua. Pero ni nosotros necesitamos de ellos porque no nos ocurrió ni siquiera un pinchazo en todo el trayecto de 800 km, ni ellos del español porque se las arreglaron perfectamente sin una sola palabra de castellano para los pedidos en los restaurantes y en los hoteles. El desligarnos los unos de los otros fue la mejor solución para ambas partes aunque llegaremos triunfalmente juntos a Santiago.

A la salida de Burgos, Juan y yo nos encontramos ante un gran dilema porque la ruta nacional 120 hace un gran desvío para llegar a Castrojeriz, mientras que el Camino va en línea recta. Pero la descripción del Camino en la guía no nos parecía tentadora, y el calorcito del mediodía menos. Pregunté. En un restaurante ni me quisieron contestar por estar ocupados con sus huéspedes. En una gasolinera no me fue mucho mejor. Pero un conductor me indicó una ruta excelente. Había que ir a Yudago y de ahí a Castrillo de Murcia por una carreterita toda asfaltada, sin tráfico, acortando varios km. Mucha confianza no nos inspiraba el señor. ¡Cuántas malas experiencias habíamos tenido ya en lo que respecta la comprensión! Así que volveremos a preguntar y tenemos que hacerlo porque nuevamente la señalización es defectuosa. Hay carteles viejos, obsoletos ya, que no han sido cambiados. En un pueblito, en la tranquilidad de la siesta, buscando a los ocupantes de una casa para informarme por cuarta o quinta vez sobre la ruta a tomar, me topo con un gran ovejero alemán, atado por suerte, ¡cuyos alaridos me hacen salir corriendo! El perro no solo me alertó a mí, sino a su dueño también, que apareció de inmediato y supo indicarnos el camino a seguir. Estamos felices en esta carretera impecable, solitaria, por en medio de los trigales. Podemos andar uno al lado del otro, porque nadie se nos enfrenta ni nadie nos sigue o quiere adelantar. Es un lujo en esta tarde calurosa, pasando por pueblos como surgidos del Quijote, irreales, como ese Castrillo de Murcia, hermoso, perdido en la llanura amarilla. Además la segunda mitad es prácticamente en bajada — ¡cómo la gozamos!

Llegada a **Castrojeriz** por las 16 y 30. 35º. A nuestra derecha, en una montañita, el viejo castillo en ruinas. A nuestra izquierda, la iglesia de la Virgen del Manzano, cerrada por restauración, con su color marrón rojizo se confunde con las tierras a su derredor. Castrojeriz es único por su ubicación en la ladera de una colina desde la cual se divisan los extensos campos de trigo hasta la lejanía. ¿Por qué ningún autor la ha visto como yo? ¿Por qué ninguno se ha enamorado de esta soledad, de este caserío abandonado que existe fuera del Tiempo? Apenas se lo nombra en la literatura. Y eso que posee sus iglesias, en las que se cobra entrada, a pesar de que los tapices realizados según diseños de Rubens no están expuestos por encontrarse en reparación. Tengo la impresión de que estamos haciendo el viaje demasiado pronto: en algunos años el peregrino sí va a poder admirar iglesias renovadas y su interior completo y en buen estado. ¿Pero nosotros? Al menos el paisaje no nos lo pueden «cerrar». ¡Es de «peregrina» hermosura! (la palabra *peregrino* proviene del latín *peregrinus* que significa *extranjero* y asimismo el adjetivo en castellano tiene el sentido de *extraño* o *singular*).

Muchas de las iglesias en reparación llevan un gran cartel en el que se especifican las sumas que se invertirán en las obras y quiénes las aportan. También al borde de carreteras en construcción, nos aguardan los mismos tipos de carteles. Son los gobiernos de las provincias los que pagan, pero hay por lo general un gran contribuyente más: la Unión Europea. Sé que entre los miembros de la Comunidad existen algunos países menos pudientes que otros. Comprendo que la infraestructura, las vías de comunicación, son de gran importancia para el advenimiento del auge de una zona aislada, mientras que las iglesias y los tapices que en ellas se encuentran pueden atraer el turismo, pero me pregunto si está justificado que el norte español avale estos dinerales europeos. En realidad, pienso en nuestros impuestos. Casi el 50 % nos quita el Estado alemán. ¿Cuántos de los euros pagados por nosotros se han transformado en asfalto o en piedras pulidas de estas iglesias? Me pregunto si es correcto que se desvíen sumas inmensas a esta región tan despoblada que nunca se transformará en el centro vitalicio de España y, en cambio, no se les mejore en Alemania la situación a jubilados con una pensión ínfima o a desocupados, por citar algunos ejemplos. De verdad, me indigna esta situación porque la encuentro injusta.

En Castrojeriz seguimos la sirga para llegar al albergue. Por casualidad escucho como un ciclista español pregunta por el itinerario a este hospedaje. Pero me percato de que el peregrino no sigue las indicaciones recibidas: continúa recto en una esquina, mientras yo había comprendido que había que girar a la izquierda. Yo sí lo hago y así llegamos al albergue antes que el español. Este pequeño suceso me causa gracia porque me demuestra que no somos los únicos en tener dificultades de entendimiento en este país. ¡Si hasta los españoles entre ellos no se entienden ¿qué puedo decir de mí misma?!

Sin embargo el haber llegado primero no me sirve de nada. En el albergue no nos toman. Los ciclistas recién son recibidos a partir de las 20 h. Están llegando muchos peregrinos a pie y se les da la preferencia. A unos seis km hay otro albergue, que probemos allí. — ¡Pero los ciclistas también nos cansamos! — respondo. La verdad es que ya son las 17 h pasadas, y bajo este calor no añoro otra cosa que una ducha y una cama. A buscar otro alojamiento entonces. En el Mesón nos dan unos cuartos hermosos en una edificación completamente moderna detrás de una fachada antigua. Ahí mismo cenamos un menú muy bueno. Es la chica del bar quien nos explica el uso de las llaves para el hotel que se encuentra a algunos pasos del restaurante. Es que el hotel está desprovisto de empleados porque en el pueblo escasea la mano de obra. Y además la juventud en la noche no quiere trabajar, al fin y al cabo, es sábado y se va a la discoteca, a Burgos, por ejemplo. — ¿Y los mayores? — pregunto ingenua. — ¡Esos se quedan en casa! —me contesta horrorizada.

Séptima etapa

El domingo 30 de julio, séptima etapa, de Castrojeriz a Carrión de los Condes, a 45 km.
Salida a las 7 y 30 con 13° de temperatura. Pasamos por delante del albergue cuyo administrador nos informa ¡que al final hubiéramos tenido lugar la noche anterior! y nos recomienda que vayamos por el Camino porque es ruta sin tráfico y que luego bordeemos el Canal de Castilla hasta Frómista. Seguiremos su consejo y pasaremos un día espectacular. Pero, primero la salida de Castrojeriz: como enviado por el Quijote, un rebaño de ovejas tiene atascada la callecita hacia la carretera y ¡nosotros nos escabullimos con nuestras bicicletas entre los lanares, creando una escena igual de descabellada a la de nuestro amigo cervantino, entre los molinos de viento!

Luego, en la ruta, nos rodea la bruma matutina. ¡Un país encantado!

Delante de nosotros, un pueblo dormido: **Castrillo Matajudíos**. Viniendo de Alemania, un país que se avergüenza de su historia con respecto a los judíos, enmudecemos. El español no solo no esconde su pasado, sino que parece vanagloriarse de él. Inconcebible para un alemán.

Por las 9 h llegamos a **Boadilla Del Camino** por una carretera de asfalto solitaria en medio de un paisaje idílico. La iglesia, en día domingo, cerrada. Recién a las 11 h habrá misa. Me recomiendan no despertar a tan temprana hora a la señora de las llaves... Yo hago caso. Admiramos el rollo de justicia gótico retrabajado y recargado, situado detrás de la parroquia de la Asunción. Aquí se ajusticiaba a malhechores y delincuentes que, atados al rollo, se exponían a la vergüenza pública. ¡Qué delicado el Medioevo!

Pero en las afueras de este pueblo hay otro tipo de construcción, que nuestra guía no menciona, pero que había despertado nuestro interés: en lo alto, unas casas octogonales. Nos explican que son palomares, que los pichones se venden por cinco euros la pareja a los restaurantes. Nos acercamos a verlos y entramos en uno abandonado. Por dentro tiene estructura de caracol, es decir, varias capas de paredes todas cubiertas de nichos para los nidos de las palomas. Luego se me ocurre entrar en uno en funcionamiento. Salgo corriendo. No, no por las palomas, sino por el olor. Es imponente. También el guano se usa, claro está, como fertilizante. Estos palomares me traen recuerdos. Ya en Irán los habíamos presenciado en zonas un tanto desérticas, donde cumplían el mismo fin como guano que aquí.

Cuando ya nos estábamos por ir, descubro otras construcciones extrañas: unas chimeneas cónicas por encima de la tierra. Primero pienso en hornos o en viviendas, pero estas no son casas, no hay ventanas. Un señor, Guillermo, nos explica que se trata de bodegas. Se ofrece a abrirnos la suya. Aceptamos encantados. Al lado de la entrada se encuentra un ambiente con una gran mesa que se desaloja durante la vendimia por ser este espacio en realidad el pisadero para las uvas con su prensa. Bajamos unos escalones y nos encontramos en la oscuridad total. Lentamente los ojos se van acostumbrando a ella y van reconociendo las barricas de vino. Estamos dentro y debajo de la tierra. Encima nuestro una apertura que va a terminar en las chimeneas que nos habían atraído desde afuera. Este respiradero que filtra la luz del día tiene tres metros de altura y uno de diámetro. En el fondo de la cueva sigue un túnel. Guillermo nos explica que aquí se escondían los cristianos ante la persecución de los moros. También durante las guerras carlistas servía de escondite. ¿Será verdad? En todo caso, nos dimos cuenta de que toda la región está plagada tanto de palomares como de bodegas, quizás cada una con una rica historia.

Guillermo nos invita a degustar su vino, nos hace una demostración con su bota, nos convida con el queso elaborado por él y nos explica que antes se cultivaba mucha vid en la zona. Hoy día es trigo y cebada lo que se planta, pero entremedio vale nuevamente la pena ocuparse de los parrales. Él apenas posee una pequeña parcela y la verdad es que más no se ven en los derredores. Lo característico de estas bodegas en esta tierra arcillosa es su temperatura constante; la de Guillermo mantiene unos 18°, mientras que muchas otras ya son demasiado calientes.

Muy contentos con nuestros descubrimientos seguimos al borde del Canal de Castilla en dirección a Frómista. El Canal es una construcción del siglo XVIII que servía tanto para el transporte de los cereales, como para el riego de los campos y además para el accionamiento de los molinos. Después de esta hermosa travesía llegamos por las 12 h a **Frómista** con su bellísima iglesia románica de San Martín. Por suerte la encontramos abierta. Aunque en la literatura se critican los trabajos de restauración realizados hace un siglo, no deja de ser una verdadera joya del Románico. Presenta las características que volveremos a ver tantas veces en las iglesias a lo largo del Camino, por ejemplo, en la Real Basílica de San Isidoro en León o en la iglesia de Santa María en Melide: los canecillos, las figuras de animales que sostienen el machimbre del techo por fuera, y el jaqués (expresión derivada de Jaca, con su típica iglesia románica), sinónimo de taqueado o ajedrezado, una decoración geométrica que recorre horizontalmente todo el muro externo como un friso. Lo especial de la iglesia de San Martín, además de sus proporciones armoniosas, son los capiteles de sus columnas interiores: cada uno tiene una representación distinta, pero todas son muy claras, por ejemplo, Adán y Eva, o el matrimonio.

Aquí presenciamos una escena con una peregrina española un tanto desilusionada porque todavía no había sentido la magia del Camino. El joven cuidador de la iglesia le indicó primero un lugar delante, luego detrás del altar, en el cual seguro debiera recibir una emanación. La señora probó uno y otro, pero no parecía muy convencida. ¡Pobrecita! Yo no tenía esos problemas. Ya a partir del segundo día, el Camino me tenía fuertemente en sus manos.

Continuamos a **Villarmentero de Campos** donde descansamos en un parquecito con árboles, banco y fuente de agua. Entremedio son las 14 h y el calor se ha hecho insoportable, 35° o más. Nuestros amigos alemanes nos convencen de seguir al siguiente pueblo, a **Villalcázar de Sirga**, a solo cuatro km, esta vez por el Camino porque va bordeando un arroyo con una arboleda. Todavía soy muy ingenua y me dejo convencer. ¡Qué error! Por un lado no hay sombra alguna porque el Camino transcurre al oeste de los árboles, o sea, a pleno sol. Por otro lado a cada pocos cientos de metros hay que atravesar unas cañadas, casi intransitables con nuestras bicicletas por su gran profundidad. En la soledad de este senderito nos encontramos con una joven peregrina de unos veinte años completamente a solas, descansando debajo de un árbol. Me parece que su actuación no deja de albergar ciertos riesgos. A las 16 y 30 estamos en Villalcázar; agotados, acalorados, hambrientos, sedientos, yo harta, decidida a no volver a hacer un disparate de este tipo, es decir, a tomar el Camino solo bajo consejo de alguien local que me inspire confianza y a evitar al máximo el temido sol.

En Villalcázar, no podía ser de otro modo, la iglesia está cerrada hasta las 18 h. Pero al lado se encuentra el Mesón de Pablo, nuestra salvación en el bochorno de esta tarde malograda. Entramos en un restaurante enorme que llega a albergar a hasta 150 comensales. Nos recibe el barullo de los huéspedes almorzando todavía. El mesón está repleto. Delante de su entrada habíamos observado a una familia con niños que consideramos estaban esperando a sus amigos para partir. Pues la razón era la contraria: no deseaban irse, ¡sino entrar! ¡A las 16 y 30 todavía estaban esperando mesa para poder comer! Era día domingo, pero no causa suficiente para este gentío. El Mesón de Pablo resultó ser un restaurante de gran renombre en la comarca, sobre todo por su lechazo o cordero lechal. Para no esperar tanto, propongo al mozo que nos siente en alguna mesa con otra gente. Decididamente traigo mi idiosincrasia alemana: en España no es posible compartir una mesa con desconocidos, y el mozo no se atrevería jamás a ofrecerlo sin dejar el debido espacio entre los dos grupos de clientes. No nos queda otra que esperar. Aprovechamos para reponernos en este ambiente fresco y rústico con sus bancos y mesas de madera. Estamos en el antiguo hospital de los templarios, la orden religiosa que tanto había contribuido a proteger a los peregrinos en el Medioevo. Después de haber servido como lagar para la producción de vino, Pablo lo había adquirido hace quince años y lo transformó en un restaurante en el que también se celebran bodas. La decoración de las paredes es de gran estilo: Pablo, el dueño de 81 años, se ha dedicado a coleccionar antigüedades, en parte expuestas ante nuestros ojos. Me relata que posee por ejemplo noventa relojes de mesa: unos doce con forma redonda de colgar, otros tantos de péndulo. Pablo, a pesar de su edad, no puede dejar de trabajar: se pone a limpiar las migas en una mesa abandonada, tarea para la cual tarda mucho tiempo y que cualquier mozo realiza mejor y más rápidamente. Es evidente que necesita ocuparse en algo y que alguien que, como él, ha empezado de camarero no puede cortar con su pasado ni renegar de él.

Está claro lo que pedimos: ¡los pichones de paloma criados en la zona! Y además, unas morcillas de Burgos, muy diferentes de las comidas en aquella ciudad. Estas contienen menos arroz y más carne, son un poco pesadas pero excelentes también. Somos los últimos en abandonar el mesón, pero estamos muy contentos. Afuera nos recibe nuevamente el calor como una bofetada. Son las 17 y 30. Admiramos la iglesia Santa María la Blanca por fuera. Averiguamos la causa de sus fisuras claramente visibles. Datan del terremoto ocurrido en Lisboa en el siglo XVIII. ¿Será verdad? Decidimos no esperar a que se abran sus puertas media hora más tarde y seguimos a **Carrión de los Condes** a seis km de distancia, al término de una bajada. Nos alojamos en un albergue de las monjas clarisas el cual proporciona sábanas y toallas, grandes lujos para un albergue de peregrinos. Visitamos algunas iglesias abiertas hasta las 20 h, menos el convento de San Zoilo, cerrado él también por encontrarse en restauración los sarcófagos de los infantes… Nos acostamos temprano para partir al alba, con los primeros rayos de luz, es decir, que no podrá ser antes de las 6 y 30. Estoy decidida a escaparle al sol. En la radio he oído por casualidad un programa en el que se recomienda untarse mucha crema antisolar como protección del gran astro. ¡Si se alerta al pueblo español, con más razón debo temerle yo al sol con mi tez blanquísima!

En el albergue converso con una pareja de alemanes que se están medicando los pies: están pasando por sus llagas, desinfectadas previamente, una aguja con un hilo al que le harán un nudo. La finalidad de esta tortura es la de dejar salir el agua de la llaga con lo que se acaba el dolor. Me quedo espantada del método, pero ellos, muy tranquilos, me explican que son expertos en la materia, que es el tercer año que peregrinan y que siempre durante los primeros días tienen problemas y luego desaparecen por completo. Como quien dice hay que pasar por este sufrimiento estoicamente que luego viene la recompensa. Me quedo admirada con esta pareja que despide un aire admirable de serenidad y de paz.

Debo aclarar que sufren estos males a pesar de poseer excelente calzado. Los dolores de los pies parecen ser inevitables. Por otra parte, la experiencia de caminatas, ellos la han adquirido a través del peregrinaje mismo: se habían propuesto hacerlo completo desde su casa, es decir desde Alemania. Como por año solo disponen de cuatro semanas de vacaciones, se les ocurrió hacer el Camino en etapas, es decir unos ochocientos km a pie por año. Las dos primeras etapas ya las habían realizado. Ahora estaban en la final, la principal.

En Múnich habíamos conocido a otra pareja, esta de jubilados de unos 65 años de edad, una profesora y un ingeniero, que también habían emprendido el peregrinaje desde su casa, pero en bicicleta y en una sola etapa, es decir los 2400 km en el correr de seis semanas. Habían calculado el doble de tiempo, incluyendo semanas de descanso que ¡no necesitaron! ¡Personas, cuyos ojos adquirían un brillo y un resplandor especial al recordar y relatar su experiencia del Camino!

Octava etapa

El lunes 31 de julio, octava etapa, de 63 km, de Carrión de los Condes a El Burgo Raneros.
Vemos la salida del sol a nuestras espaldas un poco pasadas las siete de la mañana. Se levanta una enorme bola roja inofensiva aún, cuyo fuego se volverá temible al cabo de unas horas.

Como esta región es plana, la mañana fresca y la siguiente ciudad de **Sahagún** de gran interés arquitectónico, nos concentramos en pedalear prácticamente sin paradas, de modo que llegamos a Sahagún a 44 km a las 9 y 45. Estamos agotados y nos sentamos en un café a reponernos. Las iglesias aquí son de un estilo nuevo para nosotros: presentan la influencia mudéjar con la construcción en ladrillo. Participamos de una visita privada al museo de las benedictinas con una monja muy amable. Muchos de los objetos expuestos aquí habían pertenecido a los benedictinos quienes habían logrado esconderlos y salvarlos de la persecución de Mendizábal durante la desamortización. Así también les llegó el altar mayor, obra de Churriguera del siglo XVII, para el cual se había estado buscando un sitio apropiado y seguro donde colocarlo.

Ya son las 12 y 30 y el sol comienza a agobiarnos. Este va a ser uno de los días más calurosos del viaje, con unos 40° que no disminuyen hasta las ocho o nueve de la noche. Nuestro propósito es llegar lo antes posible al albergue del Burgo Raneros. Emprendemos los 17 km del Camino, a lo largo del cual se ha plantado una hilera de árboles para protección del peregrino. Esta es la zona más plana y desolada que he visto del Camino. Es comprensible que se trate de dar sombra al caminante — sí, también a través de dádivas de la Unión Europea. Nuestra guía habla muy orgullosa de que fue a través de una iniciativa del Ministerio de Agricultura del gobierno autónomo de Castilla y León que se construyó esta calle, pero no menciona quiénes aportaron el efectivo para su construcción. Un gran cartel nos lo revela. ¡Qué suerte que la Unión Europea se siente responsable por nuestra salud! Pero ni siquiera los pobres árboles tienen suficiente fuerza contra este sol implacable: indudablemente les cuesta crecer en este calor sofocante. Algunos han sucumbido, otros han sido repuestos, otros avanzan lentamente hacia su enemigo celestial, dejando apenas una pequeña mancha oscura en el suelo. Y nosotros vamos pedaleando de mancha en mancha, de sombra en sombra. Cuando nos quedamos parados un momento, tenemos una experiencia auditiva única: aquí los pasos de los peregrinos que se acercan y se alejan hacen un ruido muy singular sobre el pedregullo. ¡Este sí que es el verdadero Camino!

Por las 13 y 30 en el **Burgo Raneros** cogemos lugar en el albergue, una de las construcciones típicas de este pueblo. Es una casa de gruesas paredes de adobe, mezclado con paja, un buen aislante tanto contra el frío como el calor, además de ser de bajo costo. Almorzamos enfrente, en el restaurante del Peregrino un plato de ensalada de entrada, un bife con papas fritas y un yogur de postre. Enumero el menú porque en la noche nos presentarán exactamente lo mismo... ¿Se repetirá todos los días del año también?

Nos cruzamos a nuestro alojamiento a reposar y a leer el libro de comentarios de los peregrinos. Uno que ha pasado en abril menciona el frío terrible. ¿Será posible que este horno se transforme en heladera? Presenciamos a muchos peregrinos con problemas en pies y rodillas. Por suerte en muchos de los pueblos ya hay especialistas para curar estos malestares. Una francesa me comenta que ha venido desde Francia sin problemas, pero ahora tiene los pies imponentes. Conoce la razón de su mal: mientras al principio solo caminaba unos 20 a 25 km diarios, últimamente había subido la media a 35 y 40 km. Además, a causa de la aridez, el terreno se va poniendo cada vez más duro, a lo que se suma que las piedritas acumulan y reflejan mejor el calor. El médico le ha dicho que descanse al menos 24 horas. ¿Y qué harán sus compañeros? ¿La esperarán? Se encuentra ante un gran dilema. Al día siguiente la pasaré en la bicicleta: ha decidido partir más temprano que sus amigos para tener una ventaja con respecto a ellos. ¿Cuánto podrá caminar? Ya no la veré más.

Muy de tardecita, por las 19 h recorremos el pueblo, es decir la sirga que forma su eje central como en tantos otros asentamientos del Camino. Algunas construcciones de adobe ya han sido recubiertas con ladrillos que no se deslavan con las lluvias. En León nos aclararán que también allí poseen casas de este tipo, cuyas fachadas han desaparecido baja una capa de cemento. En la torre de la iglesia, como en tantas otras que ya hemos visto, un nido de cigüeñas. En León nos explicarán los daños que produce su guano en las paredes de los edificios y que lograron alejarlas de la catedral llevando el nido a otra torre.

¿Y el pasatiempo para los habitantes de este aburrido pueblo? Jugar al dominó o a las cartas en el salón del restaurante. Solo hombres, como si estuviéramos en un país musulmán.

En el atardecer aparecen nubes en el cielo. ¿Irá a llover? ¿Existirá eso en pleno verano? Quizás a lo lejos en la cordillera Cantábrica que se divisa en el horizonte, pero por aquí no, me contesta quejumbrosamente una señora.

A la mañana siguiente nos levantamos muy temprano, por las seis y desayunamos el pan con jamón, comprado la noche anterior, sentados en un banco bajo un cielo totalmente estrellado. Al lado nuestro en el césped duermen aún algunos peregrinos que no habían conseguido alojarse en el albergue. Deben haber pasado frío en sus sacos de dormir porque la amplitud térmica es remarcable. Los envidio por esa experiencia, ese contacto íntimo con la noche, con las estrellas, con el misticismo.

Por las 6 y 30 estamos listos, las mochilas vueltas a amarrar en las bicicletas como todas las mañanas. Es la vez que más temprano hemos partido. Sigue reinando la oscuridad, pero paulatinamente se va haciendo la luz. Y a medida que avanzamos, vamos pasando a los peregrinos, compañeros de la noche, que han salido una o media hora antes que nosotros. Es uno de los momentos en que uno se siente mal como ciclista en relación al caminante. Le llevamos gran ventaja y lo tenemos mucho más fácil que él.

Novena etapa

Es martes 1° de agosto, novena etapa, de Burgo Raneros a León, a 36 km. Etapa corta para tener suficiente tiempo para una visita exhaustiva de la ciudad de León.

Veremos nuevamente la salida del sol, un poco pasadas las siete; esta vez la bola con forma de huevo. Temperatura: 13°. Nos apuramos en llegar a León porque nos interesa formar parte de una visita guiada de la ciudad a las 11 h, cuyo anuncio hemos visto en el albergue de Burgo Raneros. Atravesamos **Mansilla de las Mulas** con sus hermosas murallas sobre el río Esla y entramos en **León,** donde tomamos un delicioso chocolate caliente con churros, antes de comenzar la visita a la ciudad. Después de terminada esta por las 14 h, almorzamos conejo, luego intento entrar en mi casilla de correo electrónico, sin lograrlo (¡solo en las grandes ciudades existen los cibercafés!) y visitamos en la basílica de San Isidoro el Panteón de los Reyes, llamado la capilla sixtina del románico español por sus frescos, que aún conservan la pintura original de 1160. Ya es muy tarde, por las 18 h y decidimos dormir en el parador.

Este hotel de gran lujo, alojado en el antiguo hospicio para peregrinos, construido en 1513 bajo Fernando el Católico, se encuentra a la salida de la ciudad. Es un edificio impresionante que se puede admirar bien por encontrarse una amplia plaza delante de él. En esta tenemos compañía: debajo de una cruz, una de las tantas del Camino, está sentado un peregrino descalzo, sus sandalias colocadas a su lado. Está descansando de las penurias de su caminata, con la vista levantada hacia la rica fachada del Hostal de San Marcos, admirado de su belleza igual que nosotros. Se trata de una figura de bronce, muy simpática. No es la única en León. Delante del palacio de Gaudí, sentado en un banco, la estatua de este gran arquitecto catalán. Y otra al costado de la catedral, de un padre con su hijo, embelesados ante el grandioso edificio gótico.

Ahora a entrar en el hostal, vestida con mi bermuda de ciclista, no muy presentable en tal entorno. Apenas paso el portal de entrada bajo la gran estatua de Santiago Matamoros me recibe — por no decir me detiene — el portero preguntándome con una sonrisa amable, pero falsa, en qué puede ayudarme. Cuando le

77

contesto que busco la recepción, me señala dónde se encuentra, pero no me suelta, me acompaña hasta ella. Yo pregunto por una habitación doble por una noche y entrego mi pasaporte. Ahora el portero me queda viendo estupefacto, con una expresión comparable a la de nuestro colega de bronce delante del hostal. Yo salgo triunfante con la llave de la habitación en búsqueda de Juan, mientras el conserje no se da el trabajo de ayudarnos con nuestro equipaje — las mochilas — y solo me da una explicación de cómo llegar al aparcadero de autos donde podremos dejar nuestras bicicletas... No nos considera dignos de mucha atención....

La función del portero nos es totalmente clara: se pretende impedir el paso a los turistas mirones, sobre todo españoles que saben lo que representa un parador y sueñan con hospedarse en uno de ellos. Así se salvaguarda el interés de los huéspedes del hotel que no tendrían un minuto de calma, amén del factor inseguridad. Y en este edificio hay mucho que ver. Nosotros nos paseamos en su interior — por el claustro alto y el bajo, por las escaleras y salones, con cámara de video en la mano, filmando aquí un tapiz, allá un cuadro o un gobelino, el techo de madera trabajada en la antigua sala capitular — durante una hora en total y no somos los únicos en hacerlo: los otros huéspedes están en la misma situación que nosotros, paseándose con cámara de video o de fotos, impresionados por la belleza y la calidad del decorado, por las innumerables obras de arte. Son estas las que distinguen los paradores de otros hoteles, de modo que los doscientos euros por pernoctada están justificados. Eso sí, en las habitaciones en un ala moderna, no hay que fijarse demasiado en los detalles; en puertas que no cierran bien, una canilla que gotea...

Este descanso de lujo nos lo hemos ganado, ya que está hecha **la mitad del camino, unos 400 km.**

Décima etapa

Emprendemos **la décima etapa, el día miércoles 2 de agosto, de León a El Ganso, a 61 km.** Salimos por las siete con una temperatura de 14°. El pulóver nos lo quitaremos muy tarde, por las 10 h mientras que en días anteriores ya lo hacíamos casi dos horas antes. El paisaje comienza a cambiar de los campos de trigo a una llanura interminable, a maizales y verdor en terreno ondulado... Por algo **Villadongos** se llama **del Páramo**.

En **Astorga** no estamos solos. Los españoles están de vacaciones (39 muertos en las carreteras, leo en el periódico...) y en esta ciudad hay una exposición «Encrucijadas» en la catedral gótica que atrae a miles. Probamos el famoso chocolate en barra de aquí, pero nos desilusiona mucho. Aprendemos que a los habitantes de Astorga, por encontrarse en la comarca leonesa de la Maragatería, se les llama *los maragatos*, nombre que se les da también en Uruguay a los habitantes de San José. Fueron maragatos españoles los que poblaron el departamento de San José, trayendo la denominación con ellos. Por consiguiente, decidimos comer un plato típico, el cocido maragato. A fin de cuentas viene a ser un guiso, pero servido en partes, de modo que luce más esta comida de campesinos: primero se sirve la carne de cerdo, de vaca, pollo y chorizo; segundo los garbanzos con repollo; tercero el caldo y de postre, natilla. La verdad es que se trata de un plato de invierno, demasiado pesado para un día de verano, aunque de temperatura agradable, unos 26°. Todo este menú acompañado de agua, vino y pan cuesta trece euros y no nos podemos quejar de hambre al salir. Pensar que al entrar al restaurante a las 14 h se encontraba casi vacío, pasó a estar repleto por las 15 y todavía lleno cuando partimos a las 16 h. Solo tenemos una meta: una siestecita debajo de unos árboles. Imposible pedalear después de semejante comilona.

Por las 17 h continuamos hacia **Castrillo de los Polvazares**, un hermoso pueblo con el empedrado antiguo, muy incómodo para nuestras bicicletas. Este lugar se ha vuelto muy turístico por su encanto. Nos vamos encontrando cada vez con mayor número de ciclistas y de peregrinos en general, para lo cual encontramos varias razones: por un lado han comenzado las

79

vacaciones del mes de agosto en España, aumentándose así el número de turistas españoles, por otro lado estamos más cerca de Santiago, es decir con pocos kilómetros recorridos — 200 km alcanzan para el ciclista y cien para el caminante — se obtiene ya la indulgencia en Compostela.

El siguiente pueblo es **Santa Catalina de Somoza**, nombre que induce a Juan a preguntar por posibles antepasados del expresidente de su país, de Nicaragua. Pero aquí este dictador no está bien visto y le contestan: «Se los hemos mandado a todos para allá. Aquí no queda nadie con ese nombre. Tampoco en el cercano poblado de Santa Marina de Somoza». Nuestro interlocutor de unos setenta años resulta haber vivido treinta años en Buenos Aires. Cuando le pregunto cómo se acostumbró a la vida retirada de este pueblo, explota: «¡Pero, fantástico! ¡Esto es el paraíso! ¡Ni me hable de aquello!» A cada edad lo suyo, pienso yo.

Van a ser las 19 h al llegar a otro pueblo muerto, **El Ganso**, ya un poco más alto, a 1030 m, doscientos más arriba que Astorga. De la construcción típica de sus techos con paja ya quedan pocas casas; intactas, casi ninguna. Aquí el albergue no tiene duchas y le propongo a Juan intentar alojarnos de forma privada, algo que teníamos la intención de hacer de todos modos durante el viaje para entrar en contacto con los lugareños. En Santa Catalina el septuagenario nos había nombrado a Felisa que alquila habitaciones. No tardo en encontrarla en un barcito. Es una campesina de sesenta años, jubilada de su trabajo de limpiadora en Madrid. Le pregunto cuánto nos va a cobrar y me responde: «No tan de prisa. A ver ¿de dónde vienen?». Así que el alquiler depende de la persona, en realidad, de la simpatía que uno le inspire. Veinte euros nos va a cobrar con desayuno incluido, lo que es muy aceptable.

En este pueblo, con su gran casa heredada de su madre, que comparte con su hermano — soltero como ella — Felisa no afrenta problemas económicos. Dispone de tres habitaciones para alquilar, de las cuales yo escojo una, ya que somos sus únicos inquilinos. Las camas no están hechas, lo que considero un truco muy astuto, porque de este modo puedo tener la seguridad de que nadie ha dormido en mis sábanas que Felisa despliega delante de mí. Luego nos convida a un rico té muy reconfortante en su cocina. Nos explica que estamos sentados en un escaño, un banco de madera, que además sirve de cama y que en ella, su madre había dado a luz a todos sus hermanos. Más tarde, en un museo, veremos expuesto un ejemplar similar. Felisa también conserva otros muebles de familia, por ejemplo, un gran baúl que le sigue sirviendo de armario para la ropa de cama. En medio de la cocina se cocinaba en su juventud sobre un fuego abierto, por encima del cual se erguía la chimenea, aún toda negra y de la cual cuelga una cadena para una olla inexistente ya porque Felisa hoy en día cocina a gas. Las paredes tienen un grosor de 60 cm, el mejor aislante contra el frío y el calor. Felisa nos muestra el ala privada con varias habitaciones que datan de una época en la cual en esta casa resonaba el bullicio de niños. Felisa, como buena campesina, ha sabido ahorrar y ha terminado comprándose la casa paterna también, por un gran sentido de familia que tiene. La ha renovado completamente, con lo cual se la ha podido alquilar a la dueña de un restaurante en Vigo que viene aquí a descansar. ¡Qué carácter más fuerte el de Felisa! Mantiene su casa impecable, los muebles lustrados, las paredes pintadas, las puertas barnizadas, flores en el patio. Nos quedamos admirados y asombrados, cómo una mujer tan sencilla puede poseer esa fuerza de voluntad y el amor a las pequeñas cosas para mantener su propiedad en perfecto estado. Pensamos en nuestros compatriotas latinoamericanos muy dejados por lo general. ¿Será el espíritu europeo, su cultura y su tradición que trasmiten este empuje?

Yo había saludado a Felisa con un «doña» que ella había rechazado en su conciencia de labradora sencilla. Pero después de conocer sus cualidades pienso que estaba bien elegido.

Nos damos una ducha y nos dejamos caer en las cómodas camas a las 20 h. ¡Qué noche tan tranquila! ¡Qué bien me vino este reposo! Nos lo merecíamos después de diez días en las bicicletas, después de 450 km recorridos. Nos habíamos propuesto levantarnos a las 6 y 30, pero esta vez sí nos dejamos estar. Desayunamos con Felisa un café y unos panes fritos con azúcar riquísimos. Felisa nos siguió contando de su vida. Que su madre solo había trabajado y nunca había gozado la vida. Que en su niñez tenían una vaca que mismo preñada tenía que seguir tirando del arado, porque no tenían bueyes, no, tenían vacas porque además se reproducían y daban leche. Había que sacarles el máximo rendimiento. Pero Felisa, a pesar de su nombre, no ha sido feliz.

Ella, si tuviera que vivir otra vez, prefiere no hacerlo, así nos lo comunica. Está triste en este pueblo abandonado ya, porque el campo no rinde. Hay que tener extensiones grandes y por lo tanto unos pocos van arrendando y trabajando las tierras de los otros. El clima tampoco ayuda, con unos inviernos helados y lluvias escasas.

Undécima etapa

Nos despedimos con un gran abrazo y partimos muy contentos con esta experiencia tan personal y cálida. Son las 8 h. La carretera asfaltada, libre de tráfico en esta región montañosa y despoblada. Es la **undécima etapa, el día jueves 3 de agosto, de 63 km de El Ganso a Villafranca del Bierzo.** Estamos rodeados de montes, de un paisaje único. Ni comparación con la planicie aburrida de León. Las montañas son hermosas, pero nos hacen sufrir. El paisaje compensa todo. Pasamos por el **Rabanal,** precioso, donde hacemos sellar las credenciales. Luego por **Foncebadón,** un caserío casi vacío. ¡Qué devastador el poder del Tiempo! Tenemos que subir a 1500 m, a la Cruz de Hierro, salvando un desnivel de 500 m desde El Ganso. Es duro. A las 10 y 30 arribo a la cumbre donde se han reunido caminantes y ciclistas. Algunos depositan en el montón al pie de la cruz una piedrita más, que según una larga tradición — céltica, se dice — debe ser traída del lugar de residencia habitual. Ahora llega una joven pareja francesa, llena de bríos aún, y oímos el comentario de la mujer: «Oye, solo hemos tardado cincuenta minutos desde el Rabanal». Yo acababa de constatar que nosotros habíamos tardado para el mismo trecho una hora y media. Vaya diferencia. Vaya condición física. ¡Y eso que ellos habían partido esa madrugada de Astorga!

Para la bajada hacia Ponferrada nos aconsejan abrigarnos bien. Con la temperatura de 12°, el viento helado existente, más el creado por la velocidad de bajada, pasaremos frío por primera vez, a pesar de que nos ponemos todo el abrigo que poseemos: pantalón largo, medias, pulóver y chaqueta de lluvia. Pero el mapa nos engaña nuevamente: aún tenemos seis km de subida delante nuestro con pequeñas bajaditas intercaladas, antes de llegar a la bajada continua. Esta es tan empinada y peligrosa por sus curvas que se han puesto carteles amonestando a los ciclistas a usar sus frenos y a rodar cautelosamente. El porqué está claro: hace algunos años, un ciclista alemán ha muerto aquí. El paisaje es espectacular. En **Molinaseca** por las 12 h vemos a la gente vestida de remera, pero nosotros todavía no tenemos ansias de quitarnos nada. El frío nos ha penetrado en los huesos y por primera vez en el viaje ¡sentimos el calorcito como bienhechor! A **Ponferrada** llegaremos por la una, es decir, que habremos tardado dos horas para estos veinte km de bajada, en los que hemos tenido que frenar constantemente. Ponferrada tiene una ubicación muy hermosa, rodeada de montañas ricas en carbón. A la entrada se encuentra el castillo de los Templarios, que por sus dimensiones, demuestra la importancia de esta orden en la región.

Almorzamos y continuamos por las 15 h con 30°, pero un cielo algo nublado y viento fresco. Antes de llegar a Cacabelos diviso desde la carretera con los binoculares las Médulas que se encuentran cerca del Camino. Estas hermosas formaciones de arcilla arenosa se originaron durante excavaciones realizadas en búsqueda de oro en la época romana.

En la salida de **Cacabelos** nos aguarda una sorpresa agradable: una piscina pública a orillas del río Cúa con entrada gratuita. Me doy un rico baño — recién después de preguntarle a unas señoras por el grado de limpieza del agua, a lo cual ellas me responden que se han bañado toda la vida aquí, lo que no prueba nada — y observo a los niños subiéndose como arañas por las paredes al puente y tirándose de él a las no muy profundas aguas del riachuelo. Por las 17 y 30 seguimos a **Villafranca del Bierzo** que está muy lleno de turistas y nos alojamos privado, pero no recomendablemente. Fue la única noche en todo el Camino en que el hospedaje resultó malo, de quince dormidas — una — no es mal promedio. Lo único preocupante era que al día siguiente hacíamos la subida al temido Cebreiro, de 500 a 1300 m, para el cual hubiera convenido estar bien repuestos…

Villafranca posee algunas iglesias interesantes, todas a nuestra disposición, y de las cuales la de Santiago, al igual que la ya nombrada basílica de San Isidoro en León, presenta una particularidad para el peregrino: durante los años santos se puede obtener en la Puerta del Perdón la indulgencia plenaria si por causa de enfermedad no se logra continuar el camino hasta Santiago de Compostela. Esta indulgencia tiene el mismo valor que la impartida en Santiago.

Caminamos por la Calle del Agua, una típica calle del Camino, estrecha, bordeada de casas con sus balcones, pero que no nos impresiona demasiado porque desde Pamplona hemos estado viendo calles de este tipo. En cambio, me impresiona la Colegiata de Santa María, de forma casi cuadrada, con el coro central que separa el altar del resto de la iglesia. Esta disposición del coro torpemente ubicado en el medio que impide el seguimiento de la misa al pueblo, ya la habíamos encontrado por ejemplo en las catedrales de Burgos y de León. Parecería demostrar que las iglesias se han construido para los monjes y no para los creyentes en general, lo que encuentro extraño. Pero la Colegiata es original por su techo de piedritas que se asemeja a la fabricación de los pisos con el mismo material. En cambio, el techo de la iglesia de San Francisco es totalmente diferente: es de madera pintada con motivos mudéjares. Muy hermoso.

Duodécima etapa

El viernes 4 de agosto, duodécima etapa, de 38 km de Villafranca del Bierzo a Fonfría. Una etapa sumamente corta porque incluye la empinada subida al Cebreiro.

Desayunamos chocolate con churros y partimos recién a las 8 y 30, porque nos decimos que en la altura no tenemos que temerle al calor. Nos volvemos a poner pantalón, pulóver y chaqueta por el frescor matutino. Me tengo que poner un par de medias sucias de Juan, porque las limpias no se han terminado de secar en la noche.

No tenemos otra opción que la de seguir la ruta nacional VI que es horrorosa por el tráfico de camiones a las obras en esta zona: se está construyendo una autopista con sus puentes, por lo cual aquí reina polvo y suciedad. Hasta **Ambasmestas**, unos 15 km, es un sufrimiento. Aquí se toma una ruta de segunda en la que retornamos a la tranquilidad. Pero a los pocos kilómetros, en **Vega de Valcarce** nuevamente una situación quijotesca: ¿Cuál ruta tomaremos, el Camino o la antigua N VI? A preguntar, se ha dicho, pero como siempre con desconfianza. La N VI está en reparación, quién sabe si se puede pasar en bicicleta. Y el Camino es mucho más corto, solo un poco más empinado. Me pregunto, si mis interlocutores jamás han andado en bicicleta. Probablemente no. Ya estando en la cumbre del Cebreiro nos enteraremos que por la N VI se puede pasar perfectamente en bicicleta, y que por el Camino no se puede subir de otra forma que empujando la bicicleta todo el trayecto — el que nosotros hacemos. La misma experiencia de siempre, que no podemos confiar en los conocimientos de los lugareños. ¡Decepcionante!

A partir de **Herrerías**, es decir durante ocho km, empujaremos nuestras bicicletas al igual que los otros ciclistas que toman esta ruta, a execpción de algunos ciclistas con bicicletas de carrera que subirán pedaleando. Es la única vez en todo el trayecto que nos apeamos de las bicis y… empujamos. Nos encontramos con un español con el cual ya habíamos conversado en Villafranca que nos relata que es la segunda vez que sube al Cebreiro. — ¡Pero este año tenemos suerte! El año pasado me tocó lluvia durante toda la subida, en exactamente la misma fecha. — ¿Y a pesar de esa experiencia desagradable lo está subiendo nuevamente? — ¡Y no se puede subir de otra forma que empujando! — agrega. Pero esto no le importa; a sabiendas, emprende esta tortura por segunda vez. Claro que es más fuerte y más rápido que nosotros y lo perdemos de vista rápidamente, pero lo veremos en el Cebreiro.

Son las 10 y 30 cuando emprendemos la subida y el paisaje se va poniendo cada vez más espectacular a medida que vamos subiendo. El cansancio también va en aumento y se vuelve tal, que de a ratos nos tiramos en el verde al lado del asfalto para recobrar energías. Aquí no hay tráfico alguno y la compañía va menguando ya que los caminantes avanzan por un senderito aparte. Sufro, pero no sufro, porque considero que esta subida es mi vía crucis. Acepto su dificultad, la afronto con los ojos abiertos, sin quejas. El llegar a la cumbre del Cebreiro de esta forma es para mí la culminación de todo el Camino. Esta posición probablemente solo se pueda comprender si uno ha vivido esta tortura.

Lo impresionante de la experiencia de la subida al Cebreiro lo refleja muy bien el siguiente suceso: ya casi en la cumbre, en el sitio en el que se encuentra un refugio con un pastel de atún delicioso, pasa un ciclista en bajada exclamando: «Dentro de un rato me verán pasar otra vez por aquí. Resulta que me equivoqué y subí por la antigua N VI. Ahora bajo y vuelvo a subir que ¡esta es la subida de verdad!» Lo consideramos loco, pero luego comprenderemos que tiene razón: está insatisfecho consigo mismo porque la N VI es muy fácil, y hacer el Camino significa también sobrellevar un tanto la experiencia de mártir.

Cuando llegamos a la cumbre por las 14 h, casi no puedo hablar del cansancio. Y, como todos los hilos se entrelazan, damos con nuestro compañero de Villafranca que nos pregunta por un ciclista, su amigo, que ha decidido bajar y volver a subir al Cebreiro por el Camino. ¡Sí que lo hemos visto! Y reconocemos las almas gemelas en estos dos amigos, el uno que sube ante el peligro de tener que hacerlo por segunda vez bajo la lluvia, el otro que no está tranquilo hasta no haber vivido su vía crucis.

Visitamos la iglesita con la virgen del Cebreiro y las reliquias veneradas aquí, así como las pallozas, es decir, las casas redondas con techo de paja iguales a las ya vistas en El Ganso, pero que aquí están en perfecto estado, porque fueron renovadas (para los turistas) y nos retiramos del gentío emanado de autobuses turísticos y de coches particulares para entrar en un restaurante, en el que comeremos regularmente. Por las 16 h, medianamente repuestos del cansancio de la subida, partimos con los ojos puestos en el bellísimo contorno de montañas y valles.

Por segunda vez sufro un engaño porque, al igual que en la Cruz de Hierro, espero que comience ya la bajada. No es así. A lo largo de ocho km la carretera todavía tiene subidas y pequeñas bajadas y cuando veo el Alto del Poio con sus 1337 m delante mío, es decir, otra subida más, me desplomo. Paro al borde de la ruta y me pongo a llorar. Por lo visto la subida al Cebreiro ha consumido todas mis fuerzas y no doy más. Lloro con grandes sollozos y necesito esta descarga. Había estado dispuesta a martirizarme en la subida, pero yo contaba con que el esfuerzo había encontrado su término en la cumbre del Cebreiro, y ahora resultaba que continuaba. Más no podía tolerar. Decidimos no continuar hasta nuestra meta de ese día, Triacastela, y buscar inmediatamente un hospedaje. Esto, claro está, no era obra fácil porque nos encontrábamos en zona despoblada. Primera respuesta negativa en un hostal en el Alto del Poio. Gran desilusión cuando nos comunican que hasta llegar a Triacastela a unos doce km no daremos con alojamiento. A poca distancia vemos un restaurante hermoso con la famosa paja de sombrero. Ahí están completos y hasta han alojado a peregrinos en un galpón en el mero suelo, pero se disponen a ayudarnos. La dueña tiene una amiga que alquila piezas. Si queremos verlas, pregunta. No, aceptamos directamente; no estamos en condiciones de elegir y de desechar. Y pensamos muy correctamente que si aquí ya están tan llenos, cómo será en Triacastela. Al día siguiente nos enteraremos de que algunos peregrinos han dormido ¡en la iglesia, que la han puesto a disposición para no dejarlos en la calle!

Nos llevan en coche a nuestro alojamiento en un pueblito a pocos kilómetros. ¡Qué bien hemos hecho en no titubear! Se trata de una casa recién construida hermosa e impecable. ¡Y la vista! Nuestra anfitriona no puede creer que nos guste tanto, ella que la ve diariamente. Unos frondosos bosques delante nuestro, el ganado en la pradera, más allá las montañas. ¿Qué más queremos?

Nuestros anfitriones que poseen un jeep último modelo se hacen los muy humildes, pero en el curso de la conversación van saliendo a luz todas sus posesiones, resultando ser de los que arriendan los campos de aquellos que ya no están dispuestos a trabajarlos. Sus quejas respecto a la situación del campesino nos parecen exageradas al ver la realidad reflejada, por ejemplo, en la espléndida mansión que se acaban de construir. Aunque cobrando 25 euros la noche por habitación no es como para enriquecerse.

Tienen otros huéspedes, una pareja de españoles que acaba de comenzar el peregrinaje a pie en Pedrafita, poco antes de la cumbre del Cebreiro. Allá han pasado la noche anterior en un salón repleto de peregrinos. Me pregunto hasta dónde llegarán estos dos, si siguen a este paso: tres km el primer día, siete el segundo y ya están agotados. No presentan el físico para este emprendimiento: el peso propio que tienen que transportar es considerable. No es de extrañar que por las 17 y 30 los habíamos encontrado almorzando y que a las 20 y 30 volvían al restaurante….

En cambio, nosotros decidimos reponernos en esta calma idílica acostándonos bien temprano en nuestra cama matrimonial de 1,35 m de ancho —¡nosotros que estamos acostumbrados a una de 2 metros en casa! Aprenderemos en este viaje a poner atención en pedir habitaciones dobles y no matrimoniales o de averiguar el ancho de las camas de antemano.

Décimotercera etapa

Partida el **sábado 5 de agosto** por las 7 y 30, **décimotercera etapa, de Fonfría a Portomarín a 52 km**. Es la mañana más fría de todo el viaje: 8°C. Nos preguntamos cómo va a ser dentro de un mes. Después de todo, el verano no es tan mala época, quitando esos días tan calurosos en León. Nos ponemos todo el abrigo que poseemos y, por primera vez, nos falta algo: ¡guantes, sí, en pleno mes de agosto! Porque aquí sí tenemos bajada, en carretera ancha de asfalto, solitaria, sin tráfico alguno. Rodamos a 40 o 45 km/hora, y con la velocidad aumenta el viento en contra. A los pocos kilómetros paro para frotarme las manos contra el pantalón para calentarlas un poco. Las tengo heladas. Tardamos media hora para los trece km hasta **Triacastela**. El pueblo está muerto en este sábado de mañana. En un cafecito pedimos un café con leche. No me lo tomo. ¡Primero me caliento las manos con la taza! ¡Y cierro la puerta a la calle, tiritando!

Un poco calentados continuamos los 17 km a **Samos**. El monasterio recién abre a las 10 h y son las 9 h. No hay problema, tenemos un pasatiempo que es buscar jamón y pan para hacernos un desayuno. Pasatiempo, porque no es fácil encontrar un supermercado abierto a estas horas en un pueblito perdido. Sentados al solcito, consumimos nuestras vituallas y luego cruzamos al monasterio, el primer centro religioso en el que presenciamos a muchos peregrinos. La razón ha de ser que el albergue se encuentra a la vuelta. En la noche había estado completísimo, por lo cual nuestros amigos alemanes habían tenido que continuar tarde ya hasta Sarria en búsqueda de un hotel.

Mientras que el exterior gigantesco del monasterio de Samos es muy prometedor, el interior es desilusionante. Lo que nos da pena es ver que la noche anterior ha habido un concierto al que no pudimos asistir. A las 11 y 30 con unos 24°, ahora sí en remera, seguimos a **Sarria,** donde llegamos en una hora. Lo único impactante de esta ciudad fue la conglomeración de peregrinos alrededor del albergue, todos con la esperanza de apoderarse de un lugar en él. Queda comprobado que hay muchísimos peregrinos haciendo el Camino. Me dicen que el año pasado, año compostelano, había habido aún más, pero que este verano viene gente con más fe, más linda.

Comenzamos el jueguito de siempre: Averiguar el estado del camino. Ante informaciones contradictorias vamos a tirar una moneda al aire, en el momento que se nos acercan unos ciclistas españoles muy simpáticos, ante cuya insistencia decidimos probar el camino, ya que nos aseguran que aquí el paisaje es imperdible. Vemos en el mapa que después de los primeros kilómetros el camino atraviesa la carretera nacional por lo que lo emprendemos más tranquilos, sabiendo que lo podemos abandonar fácilmente.

Al principio no nos arrepentimos de habernos dejado convencer por los españoles. El Camino es muy romántico con sus antiguos robles castaños de troncos anchos, pero no muy altos y adornados de algo semejante a lianas. Pero este trecho nos resulta durísimo con sus subidas estrechas y empinadas en las que nos bajamos de las bicicletas para empujarlas, con el resultado de que ¡hasta los peatones nos adelantan! Aquí ellos nos llevan ventaja cargados con apenas 5 o 6 kilos, mientras que nuestras bicis por si solas pesan sus 15 kilos más las mochilas. Además ya van siendo la una y media con 40 km recorridos. El cansancio se va sumando. El paisaje podrá ser muy lindo pero nosotros también tenemos que adelantar. Desde **Barbadelo** nos desviamos por una carreterita asfaltada hacia la nacional. ¡Para recorrer 3 km hemos tardado más de una hora! Estamos nuevamente convencidos de que el Camino solo en contados lugares es apropiado para el ciclista.

En la nacional no hay tráfico, el paisaje es hermoso con sus colinas verdes y sus bosquecitos, condiciones bajo las cuales se puede disfrutar una carretera. Por las 15 h estamos en **Paradela,** una sorpresa para nosotros porque no se encuentra señalado en el mapa de nuestra guía. El hambre nos hace encontrar un restaurante en el que están dispuestos a darnos de comer a pesar de que se está celebrando una fiesta privada en él. Esta nos viene muy bien porque nos proporcionan la comida festiva, que no deja de incluir una rica sopa, de la cual devoro dos platos enteros para reponer la pérdida de líquido y de minerales. En España por lo general el camarero deja la sopera colocada en la mesa después de haber servido los platos una vez y los comensales pueden volver a servirse, lo que yo hice muy a menudo por las razones expuestas.

Hacia las 16 h partimos para llegar una hora más tarde con viento fuerte en contra a **Portomarín** que se encuentra a lo alto de un gran embalse que desplazó a la ciudad original. En el gigantesco pantano nadie se está bañando; a penas algún pescador se halla parado a sus orillas. Esta situación me parece extraña, dado el entusiasmo de los españoles por el agua. A mi pregunta por la calidad del agua en un hotel al borde de la carretera me responden que está sucia. Al entendido por señas. Quieren decir: ¡contaminada! ¡Bien que hice en preguntar! Más tarde, otras personas me coroborarán esta idea.

El nuevo Portomarín, trasladado a la cima, se torna un pequeño reto suplementario para nuestras piernas cansadas. En un gran hotel moderno de 120 habitaciones, «Viñas del Mar» (¿qué mar existe aquí? — me pregunto), obtengo la última habitación – sin baño privado – que acepto rápidamente, porque ya hay una pareja detrás mío buscando alojamiento. El cuarto está en el tercer piso, en la buhardilla, con el techo en declive, que me recuerda la de mi casa en Múnich. ¡Hermoso!

Después de la ducha y un descanso vamos a la iglesia románica de San Nicolás que ha sido reconstruida piedra por piedra aquí arriba. Presenciamos el coro de los estudiantes de la universidad de Elche, los mismos que habían cantado la noche anterior en Samos. ¿Nos persiguen? No, son peregrinos a pie, que después de caminar sus 33 km amenizan la misa con su canto. ¡No será la última vez que los veremos!

Décimocuarta etapa

A la mañana siguiente, la **décimocuarta etapa, el domingo 6 de agosto, de Portomarín a Castañeda a 46 km.** Después de un buen desayuno en el parque con el conocido jamón serrano partimos a las 9 h con una bruma peligrosa que probablemente se expande aquí por las grandes extensiones de agua del embalse. Nos abrigamos bien en esta humedad y con solo 12° de temperatura, pero a la media hora empezamos a quitarnos las primeras prendas, porque se va disipando rápidamente la niebla al alejarnos de Portomarín.

Presenciamos los primeros hórreos, silos para almacenar el trigo, el maíz y hasta para curar los quesos. Son construcciones alargadas de ladrillo y/o varillas de madera, abiertas a los costados para dejar filtrar el aire, colocadas elevadas a un metro o dos para evitar que entren ratones. Son típicos en la zona de Galicia y se extienden hasta la costa atlántica, donde se encuentra el más largo y por lo tanto famoso, en Carnota.

Hasta **Ventas de Narón** se nos presenta un camino duro, con continuas subidas y bajadas de 350 m hasta 717. En esta bifurcación en Ventas, un pueblo que ni se divisa desde este punto, no sabemos por dónde tomar. Pero, ¡oh alegría!, no somos los únicos en estas condiciones. Una pareja en una Vespa está estudiando el mapa, parada ante el gran cartel indicando las carreteras. Un conductor de auto también está estacionado y se nos acerca para darnos un consejo: «No tienen otra que tomar la carretera por Guntín. Yo fui el año pasado en bicicleta y es la única forma de llegar a Palas de Rei.» Nos muestra su mapa detallado: Guntín significa un gran desvío. Nos desalentamos, aunque la recta delante nuestro es el Camino. «No es transitable en bicicleta» — vuelve a insistir. Ya estamos decididos a seguir su consejo cuando aparece un grupo de ciclistas en bicicletas de carrera. Ellos toman la otra carretera hacia la izquierda. Los seguimos a cierta distancia hasta que vemos que a su vez preguntan a otro conductor que los manda de regreso, a Guntín pues. Nosotros también nos volvemos, pero sin convicción. Me animo a preguntar nuevamente. En el cruce hay una casa y delante de ella una señora que debe observar a diario la desorientación de los viajeros. Tercera versión:

«Continúen por el Camino. Mi marido lo ha tomado varias veces en bicicleta. Está de lo más bien. Además circulan coches.» ¿Cómo? ¿Circulan automóviles? ¡Entonces tiene que estar en muy buenas condiciones! Después de haber perdido esta media hora absurda o quijotesca en la que vemos confirmado que no somos nosotros los que no sabemos leer carteles o mapas o, al menos, no somos los únicos con dificultades, nos aventuramos al Camino.

¡Alabada sea esta señora porque fue ella la que tenía razón! ¡Pobres ciclistas haciendo tantos kilómetros demás! Rodamos por una calle asfaltada – con sus baches, pero ¿qué molestia respresentaban acaso?, con un tráfico escasísimo, en medio de la campiña con un clima agradable a las 11 h. Tan bien nos va y tan felices estamos que nos permitimos el lujo de hacer un pequeño desvío de un par de kilómetros a la iglesia románica de **Vilar de Donas.** Es una valiosa joyita en medio de los campos. Servía de sepultura a los caballeros de la orden de Santiago, cuyos sarcófagos están expuestos en ella. Delante de la iglesia se ven esparcidos granos de cebada y trigo, y yo pregunto por la causa. Me explican que ha habido una boda y se han tirado en pro de fecundidad. Encuentro tan acertada esta costumbre en la campaña, por ser su producto autóctono, mientras que el echar arroz equivaldría a un despilfarro ridículo.

Dejamos este antro de paz y continuamos por la carretera a **Palas de Rei,** donde lo único interesante son carteles de restaurante o de hotel con la inscripción *Vilariño.* Yo con mi apellido materno *Vilaró* me pregunto si no provenimos de esta región gallega. Me emociono.

Almorzamos por la una en un restaurante, donde pido un churrasco, que es de cerdo, acompañado de una salsita que me parece conocida. Pregunto por el nombre: *chimichurri.* Decididamente estoy en tierra de antepasados que han llevado mucho al Río de la Plata. Al primer cartel de *Churrasco* que me había encontrado, pensé que sería algún argentino que abrió restaurante aquí. En el interím me he percatado que serían demasiados los argentinos emigrados a España y que suena más lógico el proceder contrario, que el churrasco es de origen e invención gallega. Pero también tenemos en común el amor por el eucaliptus. En Galicia encontramos muchos bosques de este árbol australiano.

A las 14 y 30 continuamos, pero confieso que en este décimocuarto día me siento cansada. No sé si tranquilamente me estoy dejando estar por saberme cerca de la meta o si los 670 km rodados hasta el momento pesan sobre mi cuerpo. Quizás sea una combinación de ambas causas.

Al borde de la ruta, nuevamente dulce encuentro para Juan con sus orígenes nicaragüenses: *Hostal de los Somoza.* Un hermoso hotel con parque que invita a quedarse pero nosotros aún debemos adelantar unos km. Juan conversa con la dueña que tampoco sabe decirle nada sobre la relación de su apellido con el del presidente centroamericano.

Como tenemos muchas subidas y bajadas, y además el sol aprieta con unos 35°, intercalamos un descansito a la sombra de un denso follaje. Luego pasamos por **Melide** con la bella iglesita románica de Santa María a su salida, pero que lógicamente está cerrada el domingo a las 16 y 30. Localizo la casa de la ama de llaves que no me abre la puerta. Unas señoras le encuentran una excusa válida en España: Está haciendo la siesta.

Para nosotros en cambio, se va acercando la hora de buscar un hospedaje. Decidimos evitar la gran ciudad de Arzúa que estará llena de turistas e ir buscando alojamiento antes. Hemos visto carteles de *turismo rural* que – como nos informan – está muy de moda en Galicia, del Cebreiro en adelante. Sobre todo en las vacaciones de verano, en Pascuas y en Navidad se llena este tipo de hospedaje que tiene su buen precio. La gente que se decide por esta forma de turismo va en búsqueda de tranquilidad y paz. En **Castañeda,** en un bar, preguntamos por algún hostal. Nos contestan que deberemos seguir hasta Arzúa, que en este lugar o no hay o está lleno. Salgo desilusionada cuando un señor mayor, cliente del bar, me interpela diciendo: — ¿Usted busca un hospedaje? Mire, la señora de esa casa blanca de enfrente alquila habitaciones en la primer planta. Pregunte allí. — Me cruzo encantada y encuentro a una gran familia de varias generaciones reunida en el jardín. La señora me contesta un tanto malhumorada: — ¿Quién le ha dicho que yo alquilo habitaciones? — Yo, desilusionada: — Un señor en el bar.

Manda a su nuera a que me muestre una habitación. No subimos al primer piso, sino que entramos a un garaje enorme. ¡Qué frescor en este día agobiante de calor! Y corre aire en la pieza con cama camera. Y tiene su baño al lado. Más lujo no pretendo con el cansancio que llevo encima. Cobran 25 euros como en todos los hospedajes privados.

Les pregunto por qué no tienen un cartel en la casa indicando que alquilan habitaciones como es muy común en los pueblos en Austria o en Alemania. Todos nuestros alojamientos privados en España los conseguimos por intermediarios, es decir un poco al azar a través de conversaciones con lugareños, pero nunca había cartel. La razón es comprensible: los propietarios desean elegir a sus inquilinos, a fin de cuentas son extraños que penetran en lo más íntimo de su residencia. O sea que no toman a cualquiera. ¡Qué honrados nos sentimos nosotros que nunca fuimos rechazados a pesar de llegar sudados, deshechos, despeinados...!

De pronto me encuentro con el señor del bar en esta casa. ¿Será un amigo? ¡No, es el dueño de la casa! El muy zorro no lo había dicho y ahora se explica: — Sabe, es mi mujer la que decide. Así que yo mejor no me meto.

Con eso está todo dicho. Pero igual queda una pequeña mentirita: Él me había hablado de habitaciones en el primer piso que yo nunca llegué a ver. Él sabía muy bien que normalmente tenían dos habitaciones allí para alquilar, pero que ahora, estando el hijo de visita con su familia, estaban ocupadas. Pero, claro está, temía que si me mencionaba una habitación en el garaje, yo no hubiera ido a verla. Sí, el muy pícaro, que con su astucia me había guiado a este centro de recuperación para nuestras fuerzas desfallecidas.

Esta es la última noche antes de Santiago, a donde nos hemos propuesto pernoctar en el Parador. Dado que toda esta zona está tan traficada de turistas, llamo por teléfono para reservar. Me pego un susto: ¡Está lleno! Ahora me pongo nerviosa. Si el hotel más caro está repleto, significa que en toda la ciudad vamos a tener problemas. Pido la guía telefónica a la nuera y ella muy amablemente me asiste en la búsqueda de hospedaje. Cada vez me desespero más, porque siempre recibo la misma respuesta, siete veces en total: — Lamento, pero estamos completos. — Mi salvación es el hostal Windsor de tres estrellas.

Juan cena un asado en el bar que ¡resulta pertenecer a una uruguaya! Cuando regresamos a nuestro garaje por las 21 h, gran sorpresa: ¡Toda la familia está reunida alrededor de la larga mesa en plena preparación de la cena porque debo aclarar que aquí se encuentra además una cocina completa! Me desmorono, yo que había calculado justamente que durmiendo en el garaje estaba alejada de la familia, garantía para una noche tranquila. Con el barullo de cocineros y comensales no podremos dormir hasta muy tarde, pienso desesperada. En realidad la nuera ya durante la búsqueda de hoteles me había comentado o informado que la familia suele hacer su vida de reunión aquí en el garaje. Después de charlar un rato amenamente con nuestros agradables anfitriones, nos retiramos a nuestra habitación. No sé si por el cansancio o por un comportamiento muy cortés de parte de la familia, pero mis temores resultaron infundados: Ninguna clase de ruido molestó ni interrumpió nuestro sueño.

Décimoquinta etapa

El lunes 7 de agosto nos queda **la última etapa de 45 km a Santiago de Compostela.** ¡Increible! ¡Ya falta poquito!

Partimos a las 7 y 30, bien repuestos, con una temperatura de 14°. Pasamos por **Arzúa,** muerto a als 8 h. No encontramos ningún supermercado abierto y recién por las 9 h pasadas podremos proveernos de pan y de jamón en un bar sobre la carretera. Aquí se nos juntan por casualidad los ciclistas de Sarria que nos habían recomendado seguir el Camino. Los habíamos vuelto a encontrar el mismo día en Portomarín, hospedados en nuestro hotel, y al día siguiente en el cruce de Ventas de Narón. Cada vez que nos veían, gritaban: «¡Viva Nicaragua!» Ellos eran valencianos que no necesitaban transportar su equipaje, porque sus esposas lo llevaban en coche. Ellas también se preocupaban de conseguir el hotel en la ciudad puesta como meta ese día. Como en coche llegaban antes, no vivían nuestras angustias de no encontrar lugar.

Este último día nos cuesta. Estamos cansados. ¡No más bicicleta, por favor! ¡Ya queremos llegar!

Y veo que el Camino pasa por un monte de eucaliptus. Ahí vamos. ¡Qué rico olor! Pero el Camino ya vuelve a encontrarse con la carretera a los 500 m. Decididamente no vale la pena perder el tiempo tomando estos trechos tan cortos, y cruzar la carretera para seguirlo del otro lado ¡menos que menos! Es demasiado peligroso estar atravesando la ruta. Nos quedamos en la carretera un tanto traficada por aquí. Pero no por demasiado tiempo: A unos 13 km antes de Santiago comienza la autopista, en la cual está absolutamente prohibido circular en bicicleta. No queda otra opción que la de tomar el Camino. Me regocija la idea de llegar a Compostela por la vía del peregrino. Pero es duro, con muchas subidas muy empinadas, aunque en asfalto. A veces empujamos y no somos los únicos en hacerlo.

Aquí transita mucha gente. También niños. Al pasar a dos de unos 13 años, estos me desean: «¡Buen camino!» Me quedo estupefacta, además de emocionada. Yo que calculaba que estarían hartos, que estarían pensando con envidia en sus amiguitos pasando las vacaciones en la playa, veo que van de buena fe. Al rato me tengo que parar, porque se me ha salido la cadena de la bicicleta al poner un cambio, y los chicos me alcanzan. Les pregunto de dónde vienen. De Sarria y hace unos cinco días que están en camino. Si les gusta. Que sí. Si lo harían otra vez. Sí, pero entonces desde el comienzo, desde Roncesvalles. ¡No puedo creer mis oídos! ¡No están hartos! ¡Qué admirable! Podemos estar seguros de que la nueva generación aporta sus valores. Podemos tener confianza en ella. ¡Qué hermoso!

Otro encuentro: Un gigantón. ¿Estamos en el país de las mil maravillas? No, en España estas figuras tienen gran tradición. Miden unos 3,50 m y pesan unos 40 a 50 kilos. Por lo general se usan en las procesiones. Luego, en Mallorca, tanto en Palma como en Inca, veremos varios gigantones expuestos en los ayuntamientos. Todos poseen una cara muy simpática y atractiva. Para trasladarlos una persona se para dentro del muñeco, cargando con su peso. Se puede ver a través de una rejilla cosida en la vestimenta. En el Camino se trataba de un gigantón traído de Barcelona. Los peregrinos se turnaban en la tarea de transporte y pensaban regresarlo en avión. Ya mi anfitriona de noches atrás había comentado que por televisión habían hecho un reportaje a un grupo catalán con esta figura. ¡Y ahora lo tenía delante mío! ¡Qué extraño es el ser humano! No le alcanza con martirizarse peregrinando, además todavía se busca una dificultad más. ¿Qué premio se van a llevar? Ninguno, solo la satisfacción interna. Este encuentro de cuento de hadas permanecerá como recuerdo imperecedero en mi memoria. ¡Y no será la última vez que veremos a nuestro amigo!

Arribo al **Monte del Gozo,** el lugar desde el cual antiguamente los peregrinos divisaban las torres de la catedral de Santiago, lo que los llenaba de regocijo, y por eso el nombre del monte. Hoy en día la vista está tapada por edificios, pero compartimos la alegría de todos los peregrinos al llegar a este punto. ¡La meta está al alcance de la mano!

En la bajada del monte se ha construido un enorme albergue de varios edificios de una planta para 800 peregrinos con mercado, cafetería, lavandería, etc. Es un complejo de gran envergadura que impresiona. El único inconveniente es la ubicación alejada del centro de la ciudad, a unos 3 km seguro. Con el cansancio acumulado, el caminante ya no está en condiciones para emprender caminatas extra. ¡Nos dicen que están arribando 2500 peregrinos a diario!

Bajamos un poco más y ya llegamos por las 12 y 30 a **Santiago de Compostela,** donde nos mezclamos entre las masas de turistas — los peregrinos ya no se distinguen. ¡Estoy en la meta, pero en realidad quisiera irme en el acto! ¿Por qué no habremos venido en otro mes y no en agosto, cuando todo español está de vacaciones? El gentío me desagrada.

Dentro de la catedral presenciamos el vaivén eterno de los creyentes que hacen cola para golpear con la cabeza en la del maestro Mateo, el constructor de la iglesia. Al par de días, al regreso de una gira en coche por las rías gallegas, nuevamente veremos una fila pero esperando detrás de otra figura, porque ¡no todo turista sabe cuál es la de Mateo! Pero hay dos lugares más para hacer cola: En el altar mayor todo creyente desea abrazar la gran figura central de oro de Santiago, y en la cripta se encuentra el relicario del apóstol que es la razón principal por la cual desde hace siglos el hombre se dirige a esta ciudad.

En tiempos pasados, los peregrinos pernoctaban en las galerías superiores de la catedral. Allí también comían. Para la misa el aire reinante no sería el más puro ni aromático… Por eso los religiosos encontraron un método para perfumarlo y desinfectarlo: el botafumeiro. Este es un incensario gigantesco que se hace balancear por los brazos cortos de la cruz de la iglesia. Ocho hombres tiraban y aún tiran hoy en día de las cuerdas para poner en movimiento el botafumeiro, en cuyo interior las llamas (¡visibles!) queman el incienso. Con sus 58 kilos de peso llega a desarrollar una velocidad máxima de unos 100 km/h, un monstruo peligroso que no hay que subestimar. Cuando uno está parado como yo lo estuve, debajo de su órbita, encajonado entre la gente, de modo que uno no puede huirle, y pasa esa masa candente velozmente por encima de la cabeza, en ese momento ¡él se transforma en amenaza! No es de extrañar que se nos escapen algunos gritos de asombro y miedo en esta posición riesgosa. Pero no me comentan ninguna anécdota de accidente, así que Santiago ha de cuidar a sus seguidores…

En la actualidad, el botafumeiro solo se pone en funcionamiento en los años jacobeos (p. ej. 1999) y santos (p. ej. 2000). Así es como nosotros vemos este espectáculo por las 12 y

45 al finalizar la misa diaria de las 12 de los peregrinos. De antemano, el guía nos había prevenido de ladrones en la catedral repleta de turistas. ¡Ni en un lugar sagrado estamos a salvo de malhechores! Al contrario, es la mejor ocasión para ellos, cuando las masas de admiradores están concentradas en el espectáculo.

Testimonio del estado de higiene en que los peregrinos llegaban a Santiago da otra costumbre en la catedral: En su techo, del lado norte, existe una pequeña cruz, la de los Harapos. Aquí los peregrinos solían quemar su vestimenta deshecha después de la larga travesía y recibían nueva de forma gratuita si fuera necesario.

Para llegar a nuestro hotel Windsor debemos tomar la calle Franco, donde se encuentran los restaurantes turísticos. Son nada menos que las 13 y 30 h, y nosotros con las bicicletas en esta callejuela repleta de gente. No sé cómo logramos avanzar, pero finalmente encontramos el hotel que tiene una ubicación excelente para nosotros, cerca del centro histórico, a pasos de la agencia de alquiler de coches, y a unos 400 metros de la estación de tren.

La noche quiere barrer mi descontento con Santiago luciendo una hermosa luna llena. La tuna tocada por los estudiantes de esta ciudad contribuye igualmente a enternecerme. Y para más, en la catedral se realiza un concierto nocturno de música bizantina cantada por un coro libanés, pero que en nuestros oídos nos suena como la conocida música clásica turca, ¡el fasil!

Mas en realidad fueron dos los acontecimientos que me ayudaron a reconciliarme con el final del Camino: uno fue la presencia del gigantón, primero delante de la catedral, luego dentro de ella. Él nos estaba dando la bienvenida después de la desilusión sufrida en medio de un sinfín de gente y de la comercialización extrema del lugar santo. Con su mirada calurosa, el gigantón nos estaba aplacando para que entrásemos en armonía con el lugar.

El otro aconteció después de nuestro regreso de las rías: la misa en la catedral fue acompañada por un coro, ¡sí, nuestro conocido coro de los estudiantes de Elche! También ellos habían logrado su meta. Estaban ahí para divulgar la paz y la unión con el Camino. Los veríamos aún una vez más: Como por arte de magia, al bajar del tren en Madrid, los vemos saltar de uno de los vagones del mismo ferrocarril. ¡Esto no podía ser mera casualidad! ¡Era una señal, quizás una amonestación de no olvidar el Camino, porque lo volveremos a encontrar siempre!

De Santiago todavía nos queda la vuelta a **Madrid.** Con la experiencia positiva de que en los regionales se pueden llevar bicicletas me dirigí muy confiada a la empleada de informes en la estación de tren. Esta, acostumbrada a los pasajeros con bicicleta, sin perder muchas palabras, me entrega un papel informativo con el horario impreso para el destino Madrid. Según esta información, en sábado y domingo no se puede llevar bicicleta desde Santiago. Y nosotros justamente queríamos viajar el sábado. ¡Ni modo! Pero me acordé que también existía la posibilidad de viajar en Talgo, el tren nocturno con coche cama, muy caro por cierto, pero nosotros igual nos ahorrábamos una noche de hotel. Pregunto por esta opción y la empleada de RENFE me nombra el precio: 130,- euros para dos personas, pero las bicicletas solo se pueden llevar en bolsa, los pedales desmontados y manubrio doblado. Además depende del controlador si acepta los biciclos, máximo dos por cabina, bien colocados debajo de las cuchetas. Ante tanta complicación y el peligro de no obtener el beneplácito del controlador, le doy a entender a la empleada que tengo que obtener otra solución. Recién ahora me la revela: de donde no puedo salir con bicis los fines de semana es de Santiago, pero de la siguiente ciudad grande, de Ourense, sí puedo. Así que se nos presenta la posibilidad de tomar el regional el viernes a las 19 y 58, que llega a las 22 h a Ourense, de donde proseguiremos a la mañana siguiente a las 8 y 35, hacemos trasbordo por las 13 h en León y llegamos a Madrid por las 17 h. Es un trayecto largo que nos permitirá admirar nuevamente el paisaje. En la Oficina de Turismo regional obtenemos una lista de hoteles de Ourense, provista de mapita, de modo que puedo reservar desde Santiago un hotel cercano a la estación de tren. No fue fácil conseguir las informaciones sobre los trenes, fue más bien un triunfo, al igual que las situaciones similares durante el Camino en que solicitábamos ayuda a la población local.

El Camino es una experiencia enriquecedora en todo sentido, en lo religioso, hasta para el agnóstico, en lo humano por el encuentro con tanta gente diversa bien dispuesta por lo general, por los paisajes múltiples a lo largo de 800 km, por el encuentro consigo mismo, con su interior y con sus límites tanto físicos como espirituales. Se debe realizar preparado, entrenado, para no llevarse demasiadas sorpresas corporales, pero eso sí: ¡Hay que hacerlo!

El Camino al Interior
Caminando voy

Nuestras credenciales de peregrinos llevan los números 000063 y 000064. ¿Llegaremos algún día a ser el 999.999? Aunque en este primer *Camino al Interior* con personas que se iban antes de su fin y otras que se integraban en el correr de los siete días de su duración, ya nos acercamos bastante a la cifra de los cien. ¡La mayoría sin entrenamiento para las caminatas diarias de entre 15 y 35 km! La mayoría sin el calzado adecuado: esas botitas que encierran el tobillo para que no se tuerza a un costado cuando hemos pisado mal una piedrita en el ripio, esos zapatos firmes que nos protegen de posibles daños posteriores en las articulaciones, sobre todo en las rodillas, calzado que proporciona apoyo al pie que se deslizaría hacia adelante en una bajada o hacia atrás en una subida del trayecto. Muchos calzaban championes, otros sandalias y ¡hasta ojotas maltrataban a algún pie!

Sin embargo, todos, sí todos, aunque tuvieran 21 años o 67, fueran flacos o de una gordura espectacular, desde el ingeniero o el médico hasta la peluquera o el mendigo, prácticamente todos recorrimos los 170 km del camino en su totalidad. ¡A pesar de que el coche de apoyo podía tentar al indeciso a hacer uso de sus cómodos asientos! Nadie sintió flaquear sus fuerzas físicas al punto de pedir este socorro. Pero, al igual que en el Camino a Santiago de Compostela es el Camino mismo el que nos apoya, nos da la fuerza para continuar, nos llama, nos va dando indicios, nos apremia, nos conduce, sin cesar, irresistiblemente, en silencio.

A principios de marzo, charlando en Libertad con Néstor, nuestro colega del Camino a Santiago, él nos comentó del proyecto de Agó Páez Vilaró de organizar una caminata por el interior del Uruguay. Inclusive nos nombró la fecha: el **21 de marzo**. A nosotros, en realidad, no nos interesan las caminatas porque a Juan hace tres años le detectaron una necrosis en la cadera y los médicos le prohibieron las andanzas excesivas así como el cargar peso. El 10 de marzo nos llama mi tía Esther con la noticia de que ha salido un gran artículo en el periódico *El País* con detalles sobre la caminata de Agó que — Esther nos conoce bien — seguro nos interesará. Yo seguía sin entusiasmarme, porque no quería hacerme agua la boca con algo que no iba a poder realizar por las contraindicaciones médicas para Juan.

Pero fui a Libertad, instigada por Juan, a conseguir esa página especial de *El País*, aunque recién el día martes. Los diarios del lunes ya no se vendían, mas en un bar todavía tenían esa edición y me permitieron arrancar la carilla deseada. Leí el artículo completo, se lo llevé a Juan quien no le dignó ni una sola mirada. Claro está porque me tenía a mí para relatarle el contenido:

Agó, después de haber realizado dos veces el Camino a Santiago, de haber publicado una descripción de sus experiencias allá, ideó un recorrido a pie para nuestro país que resultó ganador de un certamen del Ministerio de Turismo. El Camino tiene su punto de partida en Casapueblo, en Punta Ballena y termina en Paysandú. Este bebé recién concebido es una obra titánica, si consideramos que el Uruguay concentra su infraestructura hotelera en la costa y en las playas. Pero este camino de Agó tiene la mirada puesta justamente en sentido contrario, en el interior. Y así fue como lo bautizó *Camino al Interior*, con el doble sentido de la palabra, interior del país e interior de cada uno de nosotros. Agó pensó en más aún, queriendo revivir una costumbre de nuestros antepasados, los charrúas, que eran nómades, caminantes por todo el país. Un camino espiritual para volver a nuestras raíces. La primera etapa, la única que llegó a realizar, pasa por Minas finalizando en Villa Serrana, con una duración de seis días a un ritmo promedio de unos 20 km diarios.

Nuestra decisión estaba tomada en común acuerdo con Juan aunque sin palabras. Y así me puse a tratar de obtener más información sobre la caminata. Esta labor comenzaba con un número telefónico, dato inexistente en el periódico. Me costó varias llamadas a Casapueblo, a Montevideo, a celulares. Finalmente, fue Agó misma la que me respondió claramente a mis preguntas:

— ¿Habrá un modo de obtener agua durante la caminata o hay que ir surtido desde la mañana con el agua para todo el día? — pregunté yo.

— Hay una camioneta de apoyo que llevará agua y alguna fruta que el caminante podrá comprar — contestó Agó.

— En el diario se informa que siempre habrá cenas peregrinas por unos $ 60,-. ¿Cómo es con el desayuno y con el

105

almuerzo?

— Va a haber desayunos y almuerzos por unas sumas similares a la cena.

— ¿Cómo es con las dormidas? ¿Habrá duchas todos los días?

— Hay que llevar sobre de dormir, las dormidas costarán unos $ 60,- y siempre se dipondrá de duchas.

— ¡El sobre de dormir representa cierto peso!

— No te preocupes. La camioneta transportará el equipaje.

— ¿A qué hora se partirá el viernes desde Casapueblo?

— A las 6 de la mañana.

— Como es peligroso dejar el coche aparcado durante tantos días en Punta Ballena, ¿habrá modo de llegar en ómnibus?

— Estamos organizando un autobús.

— Entonces anotá a dos personas para el viaje en bus. Y para el regreso: ¿Cómo llegamos de Villa Serrana a Minas?

— La camioneta los llevará a Minas.

Finalizada la conversación, me pregunté por qué una caminante experimentada como Agó no había suministrado esta información, además de un número de teléfono, en el artículo del periódico. Me entró la duda de si realmente quería que participasen extraños. En la caminata se vio que una gran mayoría eran conocidos de Agó, con lo cual se corroboraba mi presentimiento.

Con estas informaciones ya me puse a conseguir sobres de dormir prestados de mi hermana, así como chaquetas livianas de lluvia. Realmente veríamos durante la caminata que — excepto en los dos primeros días en que nos encontrábamos aún en las cercanías de Punta del Este — no hay forma de aprovisionarse de agua y alimentos, ya que no existen almacenes ni restoranes en el recorrido. En España a lo largo del Camino a Santiago la situación es muy diferente. Aquí se trata de un camino milenario con sus pueblitos a cada tanto que brindan lo necesario al peregrino, en primera instancia, el agua potable en las fuentes de las plazas. En nuestro Camino al Interior sin la camioneta de apoyo habríamos tenido que cargar con comida y agua para todo el día en la mayoría de sus tramos. Pero nosotros gozamos del lujo de recibir al comienzo la bebida donada por Coca Cola y luego la comprábamos al coche por $ 10,-.

Parte de la preparación para el Camino fueron caminatas

realizadas en nuestro vecindario: un día unos 15 kms, al día siguiente 8 kms, luego 5 kms. Estas tres nos bastaron como prueba de nuestra buena condición física. En el periódico, Agó había explicado que un entrenamiento diario de una hora era suficiente. Ya nada nos impedía tomar parte de esta pequeña hazaña.

Según la última información recibida el miércoles de las organizadoras, el autobús iba a partir a las cuatro de la mañana desde la terminal de Tres Cruces en Montevideo. Encontrábamos muy molesta la hora de partida exageradamente temprana y no se nos dio ni tampoco pedimos explicación de este horario. Comenzar una caminata ya cansados nos parecía fuera de lugar.

Además teníamos que resolver el problema del transporte desde Libertad hasta Tres Cruces. Dejar el coche allí durante casi una semana era muy arriesgado. Así que era conveniente dejarlo en Libertad. Pero incluso aquí en el último tiempo se han perpetrado muchos robos, sobre todo de motos. Nuestro amigo David nos tendió una mano, ofreciéndonos un garaje vacío detrás de rejas. Pero igual nos quedaba el viaje de Libertad a Montevideo. No hay autobús a horas tan tempranas. De manera que tuve que pedirle hospedaje a mi hermana en Punta Carretas y hacer venir un taxi a las 3.30. Todo funcionó perfecto, solo que en Tres Cruces, al que le dimos vueltas y vueltas, no descubrimos ningún ómnibus particular embarcando mochileros. Ni cortos ni perezosos nos tomamos un autobús de COT que partía a las cinco menos cuarto. Íbamos contentos, hechos a la idea de un descansito o dormidita en la oscuridad de la noche, pero ¡oh desilusión! unos pocos asientos detrás nuestro, armadas de termo y mate, se sentaron tres mujeres, que hablaban a fuerte voz entre sí, se pegaban sus risotadas, en fin, no tenían consideración con nadie. ¡Por suerte entre los peregrinos no habría ninguno con esta mala disposición!

Estábamos ante la duda de si bajarnos en **Portezuelo** y caminar al **Parque Lussich**, que sabíamos era la primera meta del día, o bajarnos en **Punta Ballena** arriesgando que el grupo ya hubiera partido por algún senderito desconocido para nosotros. Optamos por la primera solución. Llegamos a las siete, nos comimos los sandwiches que había preparado, cafecito no había por ningún lado, visitamos todo el museo, incluso la parte de azulejos, y recién por las ocho llegó el grupo bullicioso. Nos presentamos y preguntamos por el bus. ¡Había partido a las 3 y 30 de Tres Cruces! ¡Yo estaba indignada!

— Habrá sido un malentendido — dijo una de las organizadoras.

Ni una palabra de disculpas. Para mí estaba claro que habían obrado un cambio. ¡Y no se habían molestado en informarme! Más tarde me enteré de que también una chica de Pinamar se había tenido que tomar un autobús de línea.

Ahora igualmente recibimos la explicación para el comienzo a tan temprana hora de este primer día: desde Punta Ballena se puede apreciar la salida del sol de una forma espectacular. Además habían acudido tanto el Ministro de Turismo como la banda municipal de Maldonado. Por falta de información, nos perdimos el mero principio de la primera etapa. Su toque final también lo perderíamos, pero por otras razones.

Aquí estaba pues el grupo de unos 55 participantes, en su gran mayoría mujeres, solo ocho representantes del sexo masculino. ¿Por qué esta desproporción? Me respondieron varias personas diferentes que la mujer uruguaya es más emprendedora en general que el hombre. Este es más cómodo, quiere ver su fútbol, tomando tranquilamente su mate, tiene menos intereses que la mujer, pero también ocupa generalmente el puesto de trabajo fuerte de la familia. Es más imprescindible en el sector laboral. Había dos madres acompañadas por sus hijas de 20 a 25 años, un hecho que me daba envidia, pensando en la mía que se encontraba tan lejos. Pero quizás más impactante aún me resultó ver a una hija acompañada por su madre: Agó y ¡Madelón, de unos 70 años, quien caminó varios kms con nosotros! ¡Qué gesto tan bello! ¡Con Madelón saqué el cálculo de que Agó y yo éramos primas terceras!

Lo notable es que la primera persona que se dirigió hacia nosotros demostrándonos su interés por nuestro desencuentro con el autobús, fue la Sra. D. que sería una de las compañeras de la primera noche junto con su hermana, su hermano y la esposa de este. ¡Pero como muchos de los encuentros de este Camino, habría varios más con ellos, cerrándose el circuito con aquel que tendríamos el último día!

Recorrimos el **Arboreto**, los 8,5 km, lentamente, sin apuro. Me enteré este primer día de otro cambio de programa: la caminata no duraría seis días sino siete! A nosotros no nos incomodaba esta prolongación, mientras que aquellas personas que se habían tomado las vacaciones del trabajo hasta el miércoles 26 solamente y que se habían propuesto quizás hacer el peregrinaje completo hasta su punto final en Villa Serrana ¿no sentirían un gran disgusto?

En *El País* Agó había mencionado que consideraba esta caminata como una peregrinación, como una búsqueda de la propia identidad, como un enriquecimiento interior para cada participante. Lo espiritual como pilar de esta experiencia. A pesar de esta advertencia quedamos muy impactados por la realización de una plegaria, para la cual se nos repartieron tarjetas con el texto de la *Gran invocación*. En un contorno de extremada belleza, circundados por árboles gigantescos y centenarios, con todos los peregrinos sentados en una ronda dispar, tras la introducción o seducción por el canto de la flauta del cacique Antonio, asocié este rezo con lo que pueden haber sido las misas de los primeros cristianos. No dejaba de asustarme la visión de continuas plegarias durante todo el Camino, a mí, la atea. Y al poco rato, en lo que yo llamo el monóptero, un templito redondo abierto, se dio la ocasión para la segunda experiencia espiritual: aprovechando el eco óptimo bajo este techito cóncavo, se cantó el *OM*. Tres veces es lo tradicional, pero como gustó tanto y, si se repite, solo se puede realizar un múltiplo de tres, pues ¡fueron otras nueve veces que se cantó!

Mi miedo se había convertido en terror. Pregunté a dos señoras si ellas estaban preparadas para tanto espiritualismo. Después de un corto silencio me confesaron que estaban tan extrañadas como yo. Por suerte para ellas y para mí, estas dos expresiones en común de fe fueron las únicas de todo el Camino. A partir de ahora solo habría las privadas de cada uno en silencio. Pero nos resultaba difícil disipar el sentimiento de que nos encontrábamos rodeados por gente muy especial: un muchacho se consideraba chamán, el otro trabaja de guía a sitios energéticos en los alrededores de Piriápolis; abundaban distintos tipos de terapeutas, de grupo o de flores de Bach, en general compañeros de Agó de sesiones espirituales. También llamaban la atención un cacique charrúa, Antonio, de pelo negro largo con una vincha en la sien, eximio cantante y flautista de una cultura asombrosa y Beatriz que en el parque había encontrado una enorme hoja marrón que llevaba sobre la espalda con lo cual se semejaba a una piel de león, y ella misma me recordaba a Jane, la mujer de Tarzán. Bea resultó tener grandes conocimientos sobre hierbas medicinales, salvó más de un pie llagado, pinchándolo para hacer salir el agua y luego le sujetaba con una curita hojitas de llantén, una planta recogida en el camino.

Dejamos el Arboretum, la gran obra de Antonio Lussich quien un siglo atrás había comenzado la labor de forestación de esta zona rocosa con semillas traídas de todo el mundo, y nos dirigimos a **Portezuelo**, a la gran plaza entre la Ancap y Solanas. Allí se encuentran tres esculturas de mármol: un obelisco, una esfera que representa el mundo y la tercera con la representación de los barcos de los descubridores del Uruguay. Había algunas personas ajenas a nuestro grupo reunidas aquí porque el obelisco presenta una particularidad: a mediodía en los equinoccios — y el **21 de marzo** es el de otoño — la luz solar pasa por una rendija, pega en un espejito colocado sobre un bloque de mármol en el piso y refleja la luz sobre una piedra que entonces parece estar encendida. El conocimiento sobre los equinoccios lo poseían antiguas culturas como la de los egipcios y los mayas. Les servía para la sobrevivencia, sobre todo para determinar el comienzo de la siembra. El escultor uruguayo, Guillermo Riva Zughelli, autor de esta obra, estaba presente y se impacientaba con el pasaje del sol. Pasada la una, ocurrió lo previsto por él y luego de convidados a un vinito y unas pizzitas, nos pusimos en camino para nuestro almuerzo sobre la playa al este de **Punta Ballena**, en el Chiringo de Beba Páez Vilaró. Nos recibieron con una limonada fresca, excelente para calmar la sed, acompañada de unos fideos con salsa de mejillones muy buena — aunque no del gusto de todos — y duraznos en almíbar de postre. El ticket peregrino costaba $50,-. Delante nuestro, el mar con un oleaje furioso, el agua pegando con fuerza contra las rocas a nuestra derecha. ¡Todo un espectáculo! Aquí nos entregaron nuestras credenciales de peregrinos ($ 350,- c/u), que los demás ya habían obtenido a la llegada en Casapueblo. También nos colgamos las estrellitas de mar en el cuello, el emblema del Peregrino, en semejanza a la concha del Camino de Santiago. Además recibimos el mapita del camino como me habían prometido por teléfono en una de las cuantiosas llamadas realizadas. Es un hermoso dibujo hecho por Agó, la pintora, pero que como guía para el caminante no es práctico. Decididamente nos encontrábamos en manos de una artista. Nos enteraríamos en los días siguientes de que ella no había recorrido el trayecto a pie. ¡Era tan novata como nosotros!

Ya eran las 15.30 pasadas, cuando nos dirigimos a nuestro alojamiento para la noche. Según el artículo de *El País* estaba previsto el camping del Arboretum Lussich, algo imposible, dado que el parque no posee campamento, según nos había informado el guía ya en la mañana. Nos pareció muy lógica la prohibición de acampar en este lugar arbolado, tan propenso a los incendios.

El alojamiento eran las cabañas Las Grutas ($ 60,- por persona) a varios cientos de metros del Chiringo. Se componían de dos dormitorios en planta baja, con un baño y un comedor-cocina-estar, y un dormitorio más otro abierto y un baño en planta alta. Los dos empleados estaban desesperados. ¡La reserva estaba hecha para 30 personas pero éramos 55! Se pasaban trayendo colchones de depósitos y terminaron acomodándonos a todos. Eran las 5 cuando nos pudimos ubicar finalmente. ¡No hay que olvidar que nos habíamos levantado a las 3 de la mañana, otra gente a las ¡2! y que habíamos viajado hasta Punta Ballena y luego caminado en total 22 km! En fin, teníamos dónde dormir: yo me instalé en una habitación ya ocupada por dos señoras. Les pedí para colocar un colchón en el minúsculo cuarto, pero como una de las señoras, la más corpulenta de todo el grupo, Ana, igual temía dormir en la cucheta de arriba, hicimos el cambio, yo en la cucheta superior y ella en el piso. Mis compañeras resultaron muy agradables, durante el camino excelentes caminadoras, con un tezón admirable, salían primeras y llegaban últimas, pero recorrieron todos los trayectos y siempre de buen humor. Casualidades del Camino, comencé la gira con ellas y también la acabé con ellas, porque fueron las que nos llevaron de regreso hasta las puertas de Montevideo en el coche desde Villa Serrana. ¡Esta no sería la única repetición casual del Camino!

Para Juan no había sitio en ningún cuarto, además por lo general estaban ocupados por mujeres y en la primera noche no resultaba tarea fácil la mezcla de sexos y de desconocidos. ¡Lo instalé en un colchón en la salita, de hecho, en frente a la puerta de entrada, lo que significaba la molestia del pasaje de los restantes nueve ocupantes de la cabaña y del chiflón de aire que pasaba por debajo de la puerta! Pudimos conseguir un segundo colchón y un trapo para tapar la ranura debajo de la puerta. Pero, una vez en esta cabaña, nos percatamos de que dos habitaciones ya habían estado ocupadas por integrantes de nuestro grupo la noche anterior. ¿Cómo era posible? Con mucho trabajo, según su relato, habían logrado obtener la información de Agó sobre este alojamiento y habían venido cómodamente una noche antes y ¡sobre todo se habían ahorrado esperar y temblar ante la inseguridad del alojamiento como lo habíamos hecho nosotros!

Se me iba abriendo más claramente el panorama: en este viaje la obtención de información no sería obra fácil. — ¡Ojo! —me dije nuevamente, pero no por última vez.

A los pocos días nos enteramos de que otra señora también había obtenido la información sobre las cabañas y se había venido en un autobús temprano desde Montevideo el jueves para poder acomodarse con luz. Se bajó en Punta Ballena y caminó a Casapueblo donde primero no supieron ayudarle en el taller. En la sección de hotel se esmeraron mucho en averiguarle la ubicación del alojamiento y entremedio ya comenzaba a oscurecer, de modo que tuvo que caminar los varios quilómetros hasta las cabañas en parte en la oscuridad y en parte, iluminada por los faroles de la carretera. Con buenas indicaciones desde Montevideo se hubiera ahorrado estos inconvenientes y estas pérdidas de tiempo.

Una vez ocupados nuestros sitios, nos dimos una buena ducha y nos dispusimos a descansar ya que en **Casapueblo** nos esperaban con un pequeño cocktail y sobre todo con la puesta de sol. A las seis pasadas nos vino a buscar la camioneta de la Intendencia de Maldonado, puesta a nuestra disposición durante nuestro trayecto por este departamento. En Casapueblo estaba presente Carlos Páez Vilaró, muy emocionado con la puesta en marcha del proyecto de caminatas. Mientras bajaba el sol escuchamos el poema creado por él ante este regalo incomparablemente bello de la naturaleza.

Luego nos sentamos en una ronda y Agó nos dio detalles sobre el programa del día siguiente: para el desayuno podíamos hacerle pedidos ya que las cabañas no brindaban comida. A instancia general se partiría a las 7 hacia Lapataia, donde pordríamos comer unos ricos panqueques con dulce de leche por las 9, y unas dos horas más tarde, habría parada en el almacén San Cayetano con pan casero. Más adelante pararíamos, esta vez para comer quiches de gran calidad traídas de Maldonado, mientras en la tarde tomaríamos el té en un lugar exclusivo en Las Vertientes y dormida en Abra del Perdomo. ¡Parecía un tour culinario! Además nos recalcó el lujo que vivíamos dado que no cargábamos con el equipaje, algo que en el Camino a Santiago todo peregrino tiene que hacer. Con esto decía la verdad, es un gran alivio caminar con la espalda y las manos vacías, pero también en España se pueden organizar marchas con apoyo de vehículo, que implican un desembolso de dinero, no necesario en nuestro viaje. Esta y la noche en Verdún fueron las únicas dos veces en que Agó nos hizo un comunicado al grupo en conjunto. En las demás ocasiones uno tenía que procurarse las informaciones preguntándole a ella o a otros en una ardua labor subterránea.

Volvimos en un vehículo a la cabaña y nos fuimos a dormir en una calma absoluta. A la mañana siguiente, nos hice unos sandwiches con el jamón encargado a Agó, luego cargamos las mochilas y sacos de dormir en la camioneta de la Intendencia y zarpamos por las siete y media bordeando la Interbalnearia en dirección a **Punta del Este**, un quilómetro o dos, hasta llegar a un camino de ripio hacia **Lapataia**. Había poco tráfico y poco polvo a esta hora de la mañana del **sábado 22 de marzo**. En el tambo, la única empleada no daba abasto con el arribo de tanto comensal. No se le había informado de la llegada de este tropel. A pesar de que Agó me había hecho agua la boca con la mención de los panqueques, resistí a ellos por no querer esperar, y continuamos camino al almacén, donde sí nos esperaban con mesas sencillas a la sombra. A las 11 me serví varias tazas de café y comí del pan casero con manteca, queso y miel. Un desayuno vale $ 20,-. Charlamos y descansamos bajo los árboles, yo con las piernas en alto, porque me resultaba cómodo. Algunas me imitaron.

Partimos bajo un fuerte sol cerca de la una, cruzamos un arroyito en el que nos mojamos los pies, yo también la gorra y alguno nos bautizaba tirando el agua hacia el aire. Paramos en el parque de la escuela pública Los Ceibos sobre la ruta 39 — sin niños este día sábado. Aquí por las tres y media nos esperaba Robert, el empleado de Agó, que manejaba su coche y nos aprovisionaba de agua y en este caso de exquisitas quiches de diferentes gustos, por $ 40,- dos grandes pedazos. A la sombra de gigantescas palmeras comimos y descansamos, piernas en alto nuevamente. Bordeando una carretera de asfalto a unos pocos quilómetros y desviándonos por una de ripio 1 km llegamos por las 17 h a **Las Vertientes.** Esta es una mansión privada, perteneciente a un uruguayo casado con una rumana, que puso una casa de té en su living con una vista espectacular sobre la llanura y Punta del Este en la lejanía. Las tortas son tan apreciadas que normalmente un té con tenedor libre vale 20,- dólares. A nosotros como grupo de peregrinos nos hizo un menú y un precio especial — ¡al igual que en la mayoría de los lugares en los que paramos! — de $50,-. Lógicamente no nos ofreció la variedad de tortas acostumbradas, pero la que había era muy rica y así mismo el té.

Llegó un grupito de cuatro personas a caballo que ofrecieron sus corceles, y yo no me negué. ¡Los pocos kms que faltaban para completar los 26 de este día hasta la pulpería La Paulina en **Abra del Perdomo** los recorrí al trote! Esta pulpería es de gran tradición y los dueños pertenecen a la Sociedad Nativa, por lo cual no se nos cobraba la noche. Pero ¡qué noche iba a ser esta! ¡No había camas! Nos ofrecían el mero suelo, el hormigón, bajo un techo de zinc sin paredes a los costados para descansar nuestros cuerpos cansados y reestablecerlos para el recorrido del día siguiente. Hay que considerar además que mientras que a mediodía sofocábamos bajo unos 30 grados ¡las noches refrescaban a unos 15!

Como tenía que esperar la llegada del pedestre Juan, decidí tomar una ducha caliente. Juan me asombró con su acostumbrada ecuanimidad: por solidaridad con el grupo estaba dispuesto a pasar la noche en el suelo. Pero lentamente nos fuimos enterando de pormenores: algunos peregrinos habían traído sus carpas personales y las estaban armando. Otros ya habían partido a San Carlos, a 10 km del lugar, para hospedarse en un hotel y otros habían aprovechado el té en Las Vertientes para conseguir alojamiento allí. Es decir que, como tantas veces en el camino, había gente mejor informada que otra, que ya sabía de la situación desastrosa para la noche en La Paulina. Así la solidaridad perdía su razón de ser y yo también quería dormir en Las Vertientes, pero como me hizo saber esa gente privilegiada, la dueña no alquila habitaciones y solo les prestó una porque eran conocidos, ni siquiera amigos, como me decían. Igual conseguí el número telefónico de Las Vertientes, pero daba constantemente ocupado.

Entremedio llegó Cr., la encargada de colocar en nuestras credenciales los hermosos sellos diseñados por Agó para cada hospedaje y cada restorán del camino. Me dice:

— No te preocupes. ¿No ves que trajimos carpas para los caminantes? Ya tendrás una.

Como yo había visto algunas armadas al costado de La Paulina, fui a mostrárselas con el objeto de instalarme en una. Ya era noche oscura y el jardín no estaba iluminado más que por las lejanas estrellas. Estas carpas resultaron ser todas privadas y al regreso al edificio, me pasó el accidente. Caminando en dicha oscuridad, salté una zanjita que bordeaba el edificio y me golpeé contra un grueso alambre. Para mí, con el impulso del salto, fue como si hubiera dado contra una pared maciza. Pegué un grito, me llevé la mano a la frente dolorida y entré de apuro al baño para pasarme agua fría. A cada rato me miraba la mano porque esperaba verla ensangrentada, pero no, no me había hecho un corte. El dueño de La Paulina me vio pasar y me siguió, asimismo lo hicieron Juan y Cr. Juan me recuerda: — ¡Espera,   que Cr. es enfermera! — Me había olvidado por completo.

Me pusieron hielo en una bolsita envuelta en un trapo, me senté en el estar delante del televisor prendido, que estaba mirando un anciano, y deposité el hielo en la frente.

— Vamos a llamar una ambulancia — me dice Cr.

— Estás loca — le contesto yo — estoy bien, no me duele la cabeza, no perdí el conocimiento, no tengo mareos.

— Tenemos un seguro para estos casos. Estate tranquila — me contesta Cr. Comprendí que era más bien para tranquilidad de la organización que vendría la ambulancia y no insistí más. Entretanto mi chichón era gigantesco. Una señora de la casa me colocó una silla para que pudiera elevar las piernas, me puso una frazada y me colocó una almohada debajo de la cintura. Todas medidas básicas para acomodar a un accidentado. Fue como una hada salvadora. Cr. volvía a menudo a verme, así como lo haría en los días siguientes, inspeccionando la frente y dándome consejos. Se me había formado un tremendo hematoma que en los próximos días me iría bajando a los ojos y a las mejillas. Quedaría negro, luego morado y por último amarillento. La mejor medicina: hielo y más hielo durante toda una semana.

Estando sola con Juan no pude contener las lágrimas, no de

dolor sino por el susto del accidente, por el cansancio y el estrés causado por la situación de la dormida incómoda. A los días Juan me confesó que había salido un momento de la pieza para descargarse él también en lágrimas, que él tampoco podía retener más, pero que no había querido mostrar ante mí para no angustiarme. Al día siguiente, una peregrina, terapeuta, nos diría que había sido la tensión del grupo que se había descargado en mí. ¿Yo sacrificada como chivo expiatorio para los demás? Quizás era cierto.

Llegó la ambulancia con dos enfermeros que solo me hicieron algunas preguntas, por ejemplo, si tenía la antitetánica; me ofrecieron llevarme a un médico, propuesta que deseché, ya que me sentía bien. Según Juan el grupo estaba muy impresionado con lo ocurrido. Además era obvio que yo no era la única desconforme con el alojamiento. Como las carpas no aparecían y mi hada me ofreció acostarme en un sofá cama que se encontraba en el salón, lo fui a ver y ¡albricias! tenía un colchón encima que colocamos en el piso sobre una alfombra, de modo que Juan pudo dormir a mi lado. Luego aparecieron varias mujeres que se acostaron en sus sobres de dormir sobre el rudo piso de hormigón, para lo cual Juan les pasó su alfombra y consiguió una más pequeña de debajo de una mesita para su uso personal. Yo dormí medianamente por el shock bajo el cual me encontraba aún, por los chistidos de nuestras compañeras de cuarto ante los ronquidos de Juan y por los grititos que pegaba la hija de los dueños de La Paulina que se había quedado dormida en otro sofá del salón grande. Al día siguiente, nos contaría una de las señoras que por problemas de espalda no había podido permanecer acostada en el piso y ¡había tratado de dormir sentada en un sillón! Ni que hablar que estaba molida y no cargaría su mochila, lo que varias veces hizo como práctica para el Camino de Santiago que emprendería en el mes de julio.

En La Paulina, en la noche hubo asado y guitarreada pero yo ni comí ni me enteré de nada. Hambre no tenía después de todas las paradas a comer de ese día. ¡Información de antemano sobre esta cena no me había llegado tampoco! Pero esta noche fue especial no solo para mí. En la dinámica de grupo se sabe que el tercer día de encuentro es crucial y explosivo en el comportamiento de sus integrantes. Quizás a causa de la intensidad de las impresiones y del estrés vividos durante la caminata, el síndrome del tercer día se adelantó a la noche del segundo. Nos enteraríamos en la última jornada de que esta misma noche una señora de unos 38 años, una abogada muy charlatana pero seria, se embriagó totalmente, de modo que no podía levantarse de su sitio. Otro suceso único fue lo ocurrido a J.: ella había partido en coche con su marido a buscar las carpas, mas tuvieron que desviarse a San Carlos para cargar combustible. Parada en la estación de nafta, J. observa una casa y exclama:

"*¡Esa tiene que ser!*"

Se dirige a ella, toca el timbre, le abren y desaparece dentro de ella. El marido la espera un poco, no sabiendo qué puede estar ocurriendo. Se decide a tocar el timbre y se encuentra con su esposa y la dueña de casa ¡ambas hechas un mar de llantos! J., con una intuición que atribuye al Camino, acababa de encontrar a su familia adoptiva que había perdido de vista durante 25 años! Al día siguiente, cuando se lo contaba a Juan, seguía sin poder contener las lágrimas. ¿Tres hechos debidos al peregrinaje? ¿Cuántos más hubo de los cuales no nos enteramos?

Milagroso fue también lo que me sucedió a mí a la mañana siguiente. Fui, como el asesino que vuelve al lugar de su crimen, a aquel de mi golpe. Quería ver bien ese alambre grueso, causante de mi desgracia. Pero no logré discernir por dónde había saltado: por un lado había una especie de arado obstruyendo el pasaje, imposible que hubiera cruzado por allí, por el otro había unos alambres finos atravesados que me hubiesen marcado todo el pecho. ¿Acaso el dueño de La Paulina había cambiado todo en la madrugada para que no se lo inculpase de inconsciente o para que nadie volviera a lastimarse? ¿O todo era arte de magia y salido del mundo de los sueños inexplicables? Yo no fui a preguntarle nada al dueño. Me marché así con la duda, con este nimbo de magia y de sobrenatural ¡que tan bien iba con el Camino!

En la mañana hubo un desayuno muy romántico preparado a las brasas: en grandes ollas cocinaron el café y calentaron la leche, mientras que se tostaba la galleta criolla en pequeñas parrillas. Para untar había dulce de leche, un producto que yo normalmente desestimo, pero aquí ¡lo devoré con gusto! El ticket valía $30,-.

Luego, en un acto solemne, los dueños de La Paulina, vestidos con ponchos azules y con la bandera del Uruguay izada

117

alto, descubrieron una lápida para la inauguración del peregrinaje al interior. En cada hospedaje o almacén que integraba el Camino se celebraba en un acta escrita la incorporación de los servicios al peregrino.

Desde horas tempranas llevaba yo el gorro puesto y Agó me prestó un pañuelo que coloqué mojado en la frente. Procuraría mantenerlo húmedo no solo este día. Así partimos por las 8 h del **23 de marzo**, sin visitar las bellezas naturales de Abra del Perdomo, que consisten en una especie de piscinas que se forman entre los cerros. Bordeamos la ruta 39 hasta topar con la 9, aquí giramos a la izquierda hasta dar, después de unos 5 km, con la 12 que tomamos en dirección norte hacia **Pueblo Edén**, donde arribamos a las 12 y 30 al almacén Mate Amargo. Entrando en el pueblo me encontré con M., compañero de la dormida en la cabaña de Punta Ballena. Sabía entremedio que él era médico, un eximio cirujano plástico, radicado desde hace 25 años en Toronto. Descubrí mi cara que siempre llevaba expresamente oculta, me miró, me dijo que iba sanando muy bien y que me pusiera aloe vera, que me procuró de manos de Beatriz, la colectora de plantas curativas.

Como ya estaba aprendiendo mis lecciones del camino, apenas llegada al almacén, me preocupé por el alojamiento (por $ 30,-). Quien tenía carpa dormía en ella, si no había nuevamente hormigón y en el interior de la casa dos habitaciones. En la que tenía una cama matrimonial, sin lugar para ningún colchón más en el piso, me instalé con Juan. Cerré las cortinitas, me conseguí hielo y descansé en la penumbra. Luego llegaron empanadas deliciosas encargadas en Maldonado por Agó y el almacén resultó ser el emporio de las mermeladas, de frutas en almíbar, de pizzas y tortas que salían incesantemente del horno. Tampoco faltó la cerveza fría, que hasta yo consumí aunque normalmente no me apetece. Pero después de tomar tanta agua durante el camino, y teniendo aún tanta sed, la cerveza era otro manjar.

La parada en este lugar me resultó muy benéfica. Pude descansar bien, combatir el hematoma con varias bolsas de hielo, ducharme (por $ 10,-), comer luego en la noche una olla criolla (por $ 50,-) preparada por Hugo Marrero, el dueño del lugar que no solo es un guitarrista y cantante conocido, sino además lutier. Cuando él tocó junto con sus dos acompañantes, Antonio, el cacique, se le sumó sacando flauta, harmónica y luego otro instrumentito de su bolsillo, incorporándose muy armoniosamente a las piezas tocadas. Parecía un niño feliz en el mundo de la música. Luego Beatriz cantó una producción suya, cuya letra estaba compuesta de unas pocas palabras charrúas, que se han ido rescatando de descendientes esparcidos por el norte argentino, el Paraguay y el Brasil. Acompañaba su canto con el sonido muy hermoso que le extraía a una especie de mortero plano de piedra. Resultó una noche muy agradable, aunque fría. Acabó después del postre: ¡membrillo en almíbar con crema chantilly! ¡Un viejo conocido de Turquía! Pero aquí no es usual y le comenté a Ana María, la excelente cocinera, que en tierras tan lejanas es un postre común. ¡Exquisito!

Retornamos a nuestro aposento, donde el cubrecama estaba tan sucio como el resto de la casa. La señora tenía colgado en la pared un diploma de higiene de Salud Pública que databa del año 1996. Desde entonces no deben de haber venido más a controlar el estado de limpieza de este centro de producción de productos alimenticios. Para ir a la ducha, todos teníamos que pasar por la estrecha cocina. Allí se encontraban recipientes abiertos con las mermeladas a medio preparar. En el salón, abierto hacia la cocina, colgaba de la escalera un borrego carneado; su cabeza, hígado, etcétera, nos saludaban desde una palangana encima de la mesa, al lado de las tortas prontas para nuestro consumo. El baño con ducha que era el de los dueños de la casa, se veía que no había sido limpiado en meses. A pesar de ello a nadie le cayó mal la comida. Al contrario: en la mañana del lunes **24 de marzo** devoramos los bizcochos de fabricación casera con un dulce delicioso que yo supuse era de frutilla, pero no ¡resultó ser de tomate! Rebozado con café con leche (por $ 30,-).

La comida hasta el momento había sido buena y abundante, aunque no justamente la adecuada para el deportista. En el Camino a Santiago nos preparábamos todas las mañanas unos sustanciosos refuerzos de pan con jamón serrano, queso, morrón, tomate y unas uvas. Tomábamos un café con leche cuando encontrábamos un café abierto, algo difícil en los pueblos perdidos del norte de España a horas tempranas. En el correr de la mañana, consumíamos fruta además de agua y al mediodía almorzábamos un menú completo que comenzaba siempre con una cuantiosa sopa,

119

que nos devolvía gran cantidad de los minerales perdidos por el ejercicio. Seguía un plato principal de carne o pescado con verdura y terminaba con un postre para ser quemado al rato con el ejercicio. En el camino actual no existía ningún balance energético, ni provisión de energías. Consistía demasiado en productos a base de harina por lo cual alguna gente, entre ellas yo, se encontraba estreñida.

Partimos a las siete menos cuarto. Teníamos un día duro por delante: 32 km o según algunos, 35. Bordeamos la ruta 12, sin nigún mojón, con poco tráfico, con un paisaje espectacular, montañoso, solitario, con un único almacén a unos 5 km de Pueblo Edén. Yo conseguí agua como a los 10 km de un campesino. El interior del Uruguay es realmente desolado. A un peregrino solitario le resulta casi imposible cumplir con las etapas. O tiene que organizarse meticulosamente.

Al no poseer mapa detallado, al no tener noción exacta de cuántos quilómetros uno ha caminado, de cuántos le faltan aún, cada indicación de tiempo o de km es de gran importancia para el peregrino. Cuando hicimos el Camino a Santiago en bicicleta, teníamos el cuentakilómetros que nos daba la información deseada, lo que sirve de calmante para la ansiedad del peregrino. Pero en este camino todo era vaguedad, de manera que las dos robustas mujeres, siempre las últimas del grupo, hallándose en las cercanías de Pueblo Edén, pero sin saberlo, preguntaron a un motociclista cuánto les faltaba para llegar allí. Cuando este les contestó que eran 10 km - en chiste o porque no lo sabía - ellas decidieron descansar unas horas a la sombra sin agua y sin comida. ¡Al poco tiempo de reanudar su camino se percatan de que el pueblo se hallaba a pocos pasos de ellas! Habían sufrido sed, con los labios paspados, gratuitamente.

Pero todos pasamos sufrimientos parecidos, aunque quizás no tan extremos. Este lunes íbamos a hacer un alto en un sitio determinado por los conductores de auto. Eran tres, uno del coche de la Intendencia, el chofer de Agó y Madelón, la madre de Agó. Los tres se cruzaron con nosotros y nos avisaron que a unos 3 ó 4 km era el lugar del picnic. Hacía calor, bordeábamos el asfalto, llevábamos 4 horas de caminata, casi sin descanso porque no existía sombra y además ¡había que temer y contar con la presencia de víboras en esta zona de sierras! Queríamos llegar, descansar ya, reponer energías. Sabíamos por experiencia que estaríamos logrando 4 km por hora seguro. ¡Pero al cabo de una hora seguíamos viendo caminantes en las lomas en la lejanía delante de nosotros! ¡Nos sentíamos como ante una fatamorgana que una mano enemiga iba alejando tenazmente de nuestro alcance! Los conductores seguramente habían obrado de buena fe al intentar acercar la meta hacia nosotros, pero nos hacían un mal terrible, porque la desilusión al no alcanzarla es muy dañina para el estado de ánimo de un alma exhausta. Media hora más tarde arribamos, es decir, que la distancia cubierta habría sido de seis y no de cuatro kms, una diferencia ínfima para un automovilista, pero ¡casi infranqueable para un caminante cansado!

La misma situación la viviríamos al día siguiente cuando la llegada al salto de agua del Penitente se nos haría eterna. Al borde del camino hay carteles que indican la dirección correcta, pero la Intendencia no se ha preocupado por agregarle la distancia, salvo a los 10 km y a 350 metros. Los últimos 5 km pueden convertirse en un infierno para el caminante al límite de sus fuerzas.

Yo además me jactaba de haber caminado varios cientos de metros más porque siempre había tratado de continuar alguna huella al costado del asfalto, que a veces existía a la derecha, luego moría y había que cruzar a la izquierda, y así continuamente. La dureza del suelo me resentía las rodillas, dado que mis mocasincitos de suela fina no amortiguaban mis pasos. No duraba mucho en las huellas ya que los pastizales altos me impedían apreciar la posible presencia de víboras, temor bien infundado como me corroborarían doctos caminantes.

Después de comer quiches del sábado, unas mandarinas y una banana, descansamos a la sombra, piernas en alto, desafiando culebras y demás, porque para proseguir había que reponer las energías. Juan esperó a Beatriz que llegó por las 14 h y le curó su primer llaga - al día siguiente le tocaría la segunda. Beatriz siempre alegre y de buen humor, se había puesto en camino a las cuatro, haciendo paradas en arroyitos románticos sobre la ruta, aprovechando estos ¡regalos de la naturaleza! Fue ella la que nos amenizó el camino con la canción "*Caminando voy*", creación propia como tantas otras. En nuestros ojos una persona totalmente natural en este grupo, que no trataba de jugar algún rol para posicionarse en el conjunto.

Sabíamos que la meta de ese día era **San Francisco de las Sierras**, que suponíamos era un pueblo en las cercanías de Minas. El único dato que poseíamos era que se encontraba pasando el parque de vacaciones de UTE y de Antel. Pero no teníamos idea de qué significaba "pasando": ¿Un km, dos km? La última hora se nos hizo nuevamente eterna ante la incógnita. ¡Llevábamos más de 30 km recorridos! Estábamos cansados. Y cuando yo me canso, ya solo quiero llegar, piso el acelerador, saco mis últimas energías, porque sé que puedo desplomarme dentro de poco. Cerca del parque de vacaciones logré preguntarle a un corredor lugareño si faltaba mucho para San Francisco. Me dio buenas explicaciones y me percaté de que San Francisco se encontraba inmediatamente después de la entrada al parque y que era el nombre de unas cabañas, no de una localidad. Dejé a Juan caminar a su ritmo y me apuré a procurarnos el alojamiento. Había oído que era un lugar precioso, caro, pero más vale paloma en mano, me decía. ¡Y lo bien que hice!

Le pregunté a una empleada de la recepción dónde nos alojábamos los peregrinos. Me explicó que estaban reservadas la mitad de las tres cabañas existentes, que yo tenía que ver adónde había lugar aún. Pero cuán grande fue mi sorpresa cuando la recepcionista me pregunta:

— Faltan aún muchos peregrinos por llegar?

— No lo sé yo — le contesto — porque no sé cuántos se hallan aquí ya. Pero ¿por qué me lo pregunta?

— Es que han reservado para treinta y ya han llegado muchos.

— ¡Dios mío! — me dije. — ¡A apurarnos!

Fui en búsqueda de camas y realmente las dos primeras cabañas estaban completas y en la tercera pude ocupar una cama matrimonial, la última a la disposición. Hice un cálculo: por media cabaña había sitio para 6 personas, por 3 daba 18. ¿Dónde estaban las otras doce camas? Habíamos adelantado por el camino, en el último trecho, a un grupito cerrado de caminantes. Ellos, por lo general muy cautos y atentos a obtener un buen alojamiento, no demostraban apuro alguno en llegar. Al poco rato de instalada en mi cama, oigo a través de la pared las voces de algunos de los integrantes de este grupito. ¡Es obvio! ¡Deben haber llamado por teléfono y haberse reservado las dos medias cabañas! ¿Existe acaso corrupción en el Uruguay?

Las camas obviamente no fueron suficientes. Los últimos en llegar tuvieron que dormir en el suelo, en los vestuarios de la piscina. Entre ellos se encontraba Agó. Ella no hacía uso preferencial de su estatus. En esto mostró mucha valentía. Pero era obvio que prefería asumir este riesgo, partiendo en las mañanas de última, cerrando el grupo, para que nadie se quedara por el camino, pero también para poder caminar a su modo. Así también llegó última, tarde, en la noche, en la oscuridad, por ejemplo, al Penitente, con visibilidad cero, a las 21 h. Era bastante claro que cada vez quería distanciarse más del grupo. La primera noche en Casapueblo había confesado abiertamente que este peregrinaje era como una penitencia para ella. ¡Santiago lo había hecho sola y ahora se encontraba dirigiendo a todo un grupo! Desde el comienzo nos estaba revelando el sacrificio personal que le significaba esta obra.

Después de este día con paisajes hermosísimos que me hicieron exclamar: "Uruguay es verdaderamente la Suiza de Sudamérica!", claro está únicamente cuando uno mira benévolamente, sin altímetro, y se deja engañar por las alturas que solo oscilan entre los 300 y los 500 metros. Acostada en la cama dentro del sobre de dormir, ¡el cansancio da frío!, después de una rica ducha, con hielo en mis hematomas, nos enteramos de que ¡la cena era a las 21 y 30! Para nosotros que estábamos acostumbrados a acostarnos a las 22 y además con el hambre acumulada, nos resultaba extremadamente tardía. Así que descansé hasta la hora indicada y logré presenciar una parodia puesta en escena por la simpática C., la que sería apodada, ¡"C., la Gasalla"! C., con un gran pañuelo en la cabeza, hacía el rol de viejita, apoyada en la terapeuta G. que la acompañaba. A cada uno le decía alguna verdad, alguna manía, alguna característica que muy callada había observado en los días pasados. Nos reímos mucho y nos quedamos muy impactados con las aptitudes y los valores que cada ser lleva escondido o en reserva dentro de sí.

La cena consistía en asado de tira y pollo a las brasas con distintos tipos de ensalada. Cuando se abrió el bufé, el grupo de peregrinos no se molestó en esconder su apetito feroz: Se abalanzó sobre las ensaladeras, no permitiendo que el personal acabase de instalarlas en su sitio, sirviéndose por encima de los hombros de los

123

delanteros, quedando demostrado el poder del hambre, de modo que los atropellos mostrados en la televisión durante los repartos de alimentos de Naciones Unidas en Irak me resultan más que comprensibles. Esta cena fue excelente. La primera con carne, la primera con verduras frescas. Liquidamos las ensaladas. Por completo. Y Agó nos comunicó que el dueño de las cabañas no nos cobraba ni la dormida ni la cena. ¡Qué vergüenza después de nuestro comportamiento! ¿Qué necesidad había de invitarnos? ¿Era por la gran amistad que siente por Carlos Páez y también seguramente por Agó?

Dormimos espléndida- y largamente en las cabañas construidas por fuera y por dentro con las piedras de la zona, circundados por las sierras en la lejanía, bajo un cielo totalmente estrellado. Al día siguiente, martes **25 de marzo**, después de un rico desayuno con bizcochitos ($ 25,-), partimos a las 11 h Juan y yo a Minas para usar un locutorio y para comprarme un pañuelo grande, que me tapase mejor el hematoma del sol. Al final no sé si esto fue necesario o no, pero yo pensaba que mi cara podía mancharse. En el grupo había un segundo médico (M. con su harén de hermanas y su esposa se habían ido el domingo 23 en la tarde) que jamás se dignó a dirigirme una mirada y menos aún una palabra.

Este día apenas teníamos que recorrer los 6 km a la capital de Lavalleja y luego otro tanto hasta la casa de retiro de Verdún, al pie del monte al cual también subiríamos. Nos venía muy bien a todos un día de recorrido corto después de uno tan duro.

Lástima que no se nos informó de lo que abritaba el "**Hilo de la Vida**", cartel que vimos en el camino a **Minas**. Un grupo fue allí en compañía de Agó. Se han encontrado vestigios de los charrúas que aún se están investigando.

En el cibercafé nos reconocieron como peregrinos, ya que habían escuchado un reportaje radial. Les dimos más informaciones sobre el camino y, como se tenía que abonar una hora entera, aunque uno usase menos, pero se podía usar el resto del tiempo cuando uno quisiese, decidí regalar ese resto a alguien de nuestro grupo. Estábamos citados a las 13 h en la plaza en el restorán Ki-Joia, perteneciente al mismo dueño de las cabañas. ¡Lo fui a saludar y me sentí en la obligación de pedir disculpas por el comportamiento descontrolado del grupo en la cena, aunque nosotros habíamos sabido retener nuestra hambre! Nos dieron un menú peregrino por $ 35.-, consistente en pollo a las brasas y un arroz con pasas. Durante el almuerzo aproveché para ofrecer mi media hora de internet. Encontré a una interesada, y en ese momento me percato de que no había pagado la famosa hora. Me había despedido grandemente pero había olvidado pagar. Así que le entregué a la peregrina el voucher y el dinero más mil disculpas. Cuando me la encontré en la noche, me devuelve el dinero y me comunica que ¡el lugar estaba cerrado por duelo! Que había hablado con unos chicos del liceo de enfrente, les había explicado el pequeño error y les había encomendado relatar nuestra buena intención de pago a los empleados del locutorio. ¡Oh, magna providencia!

En Minas, por ser la última ciudad grande de nuestro trayecto, me decidí a comprarle un pequeño regalito como atención a Cr., la enfermera, que varias veces al día me miraba la cara para ver los progresos de la cura. Tenía que ser algo chico, por el problema del peso, y algo útil para una mujer: No se me ocurrió nada mejor que una crema facial. Entré en una farmacia cerca del restorán y me puse a mirar distintas marcas. En eso oigo una música muy conocida en la radio de este local: Beatriz cantando "*Caminando voy*". Era obvio que este era el lugar para hacer la compra. Más aún cuando veo el papel normal del rollo con que me envolvían el cosmético: ¡Sobre fondo blanco soles negros al estilo Carlos Páez Vilaró! ¡Más casualidades imposible! ¡Y así fue que, acompañado de este cuento, el regalo cayó en manos de Cr. como si viniera directamente de la estrellita de nuestro Camino!

Luego me enteré de que Beatriz había ido a la emisora de la radio local de Minas ubicada entre el restorán y la farmacia, les había contado de nuestra caminata y había ofrecido cantar su canción. ¡Tan fácil es hacerse famoso en nuestro país!

Por las 15 h nos pusimos en camino al **Verdún**. Aleccionada como estaba, fui inmediatamente a la casa de retiro, ubicada detrás de una cantera con constante tráfico de camiones, para reservar nuestras camas. Aquí había celdas con dos camas, elegí una y la ocupé. También en este lugar se habían reservado demasiado pocas camas. Las últimas personas en llegar durmieron en una habitación de seis. Emprendimos la caminata hacia el santuario de la virgen en la cima de este monte, que se llama

Verdún porque sus antiguos dueños de origen vasco-francés así se apellidaban. Aquí llegan unos 250.000 peregrinos al año. La virgen ha realizado muchos milagros. Estas informaciones las obtuvimos de la encargada de la casa de retiro. Por las 17 h habíamos arribado a la cumbre, pasando por el vía crucis con sus 14 estaciones. En la cima ventosa se tiene una vista espléndida sobre todos los alrededores incluyendo la misma Minas. Antonio, como tantas veces, se puso a tocar la flauta por un impulso natural. Le daba un hermosísimo marco al santuario, al que se sumó el despliegue de un arcoiris completo que ponía claramente de manifiesto la intención celeste de unión y comunión con la tierra porque en ella caía sobre una casa.

Con mucho frío regresamos a nuestro alojamiento, nos duchamos y nos acostamos, yo nuevamente con hielo en la cara. La cena consistía en ravioles y fruta de postre. Después de explicarnos Agó el transcurso del día siguiente y de instigarnos a dar una buena propina a Robert, su chofer que nos suministraba el agua y entremedio nos llevaba el equipaje en la camioneta de Agó, la tensión en el grupo se puso a bullir. N. se levantó y le dirigió unas palabras fuertes a Agó en defensa del grupo. Este fue el momento propicio para Juan. Él había pedido una Biblia en esta casa de retiro espiritual para leer el capítulo trece de la primera epístola de San Pablo a los corintios. Le habían entregado una de tamaño enorme, lo que a Juan le daba aspecto de cura. Leyó con voz clara y fuerte que sin amor no poseemos nada en absoluto en esta tierra. Se hizo silencio. Se calmaron los ánimos. Más de uno le expresó su gratitud por esta intervención. ¿Dónde había quedado el espiritualismo del primer día? ¿Dónde estaba la religiosidad que profesaban algunos? ¡Ni Dios, ni la Biblia, ni credos, ni creencias se palpaban ya! ¡Los pequeños egoísmos de siempre se habían instalado en lo más profundo de los corazones de la mayoría de los peregrinos! Se había creado una tensión tan aguda en el grupo en el correr de los días que yo, que había sentido tanta emoción en el camino a Santiago, solo viví en dos ocasiones este mismo sentimiento al caminar aquí a solas con Juan. Yo, que no le podía ver nada de espiritual a un mero camino sin tradición y sin mensaje como lo era este camino uruguayo y que ¡las organizadores se esmeraban en tildar de peregrinaje! hice la experiencia de que el caminar en sí posee poderes especiales. ¡Pero únicamente dos veces me conmovió hasta las lágrimas! Los días restantes sería quizás la presencia del grupo desentonado lo que me impedía entrar en comunión con el camino.

Y fue nuestra hechicera-cantante Beatriz quien retomó el hilo lanzado por Juan, levantándose inmediatamente para cantar o más bien cantarle a Juan un canto sobre el amor, de forma alegre, de modo que toda la tensión se terminó de disolver. Después continuó E., el piloto, el típico militar, convencido de la necesidad y utilidad de la guerra contra Irak, con guitarreada, en parte con producciones propias y luego baile de todos. ¡Este frenesí seguramente sirvió de catarsis a muchos! A las 22.30 se apagó la música y nos fuimos a la cama como corderitos obedientes. ¡El día siguiente, el martes **25 de marzo**, nos esperaba con unos 30 km!

Desayunamos por las 6.30 un café con leche con un sinfín de bizcochitos, pagamos \$ 175.- por dormida, cena y desayuno y a las siete nos pusimos en camino bajo una leve llovizna. Antes de llegar a Minas, a seis kms, nos llenó de esperanzas un gigantesco arcoiris doble. Atravesamos toda la ciudad para tomar la ruta 8 durante unos 15 kms. Aquí el tráfico pesado pasaba zumbando al lado nuestro y bajo la llovizna que se reanudó en este sector, la caminata fue todo excepto agradable. Pasamos al lado de un cartel con indicación a las "**Minas de Oro**", que según nos relataron más tarde son muy interesantes de visitar y las cabañas correspondientes hermosas para pernoctar. ¡Otra vez será!

Al llegar a la bifurcación de balastro en dirección al salto de agua del **Penitente**, meta de ese día, el cielo comenzó a despejarse un poco y, sacando el fuerte viento, ya no hubo elementos que nos molestaran. Descansamos una media hora y arrancamos por las 11 h en el ripio, al comienzo la vista puesta en la blanca Virgen del Verdún que se divisaba claramente en la lejanía, y fuimos penetrando cada vez más en un paisaje bellísimo, ondulado, poblado escasamente por vacas, ovejas y caballos. Delante nuestro caminaba Beatriz quien había trocado su hoja/piel de tigre por una ruana marrón y para completar su imagen de india charrúa blandía su alto bastón/lanza todo adornado con los trofeos del Camino: una variedad de plumas recogidas al pasar (de modo que yo, cada vez que me tropezaba con alguna, me ponía a pensar si ella ya poseía una de ese tipo, si valdría la pena recogerla o si ella con su mirada sondeadora no la habría visto mil veces antes

127

que yo), un ramo de flores y de yuyos que se había ido agrandando con el pasar de los días, una piel de víbora para terminar de convencernos de sus dones de chamana. Esta figura/visión iba místicamente envuelta en la aureola de su propio cantar.

Por las doce llegamos a un arroyito ideal para el almuerzo, que por suerte a los pocos instantes llegó sobre ruedas: Unas deliciosas milanesas de pollo al pan, encargadas por Agó en Minas (\$ 40,-). Para la noche estaba anunciada una chorizada (ticket: \$ 35,-), así que me abstuve de repetir milanesa, que igual eran todas por encargue. Pero en la tardecita nos encontraríamos con comensales enojados que no habían recibido su almuerzo. Hasta ellos, caminantes demasiado rápidos, no llegó la camioneta.

Continuamos y me quedé admirada de la inteligencia de un grupo de unas veinte vacas plácidamente acostadas a la sombra de un frondoso árbol. Ya no había rastros de lluvia, el sol picaba fuerte de entre las nubes. Decidí imitar a los rumiantes e hicimos un alto bajo unos eucaliptus enormes, que usé de soporte para mis piernas cansadas. Hacía una hora que habíamos pasado un cartel con la indicación de 10 km hasta el Penitente. Según nuestros cálculos no nos podrían faltar más de 5 km. Reanudamos camino por las 15 h pensando que en una buena hora podíamos estar llegando. Pero el camino iba en ascenso y se hacía interminable. Nos encontramos con dos carteles más de la Intendencia para el Penitente, pero en ninguno nos decía la distancia restante. El caminante agotado es como el sediento que busca una fuente. Le entran desesperación y mal humor solo por desconocer el momento de su alivio. Hacia el final apareció un cartel: 350 metros al Penitente. Pero mismo estos últimos metros me parecieron más largos de lo debido. No se terminaban más.

Ya había unos 15 peregrinos en el camping del Penitente, camping que no ofrecía nada. La Intendencia había puesto a nuestra disposición y armado una carpa grande del ejército. No poseía piso, es decir los que se instalaran aquí iban a gozar únicamente de una protección del frío y del viento. Además despedía un olor a alquitrán insoportable. ¡Qué bien había hecho S. en volverse a Minas! Ella que había tenido que dormir sentada en la Paulina porque el suelo le resultó demasiado duro para su espalda con problemas, temiendo una situación similar en el Penitente, se había vuelto a Minas a un hotel. ¡Sabia decisión!

Luego de un descansito, descendimos al chorrito de agua del Penitente, un espectáculo muy lamentable para los mimados televidentes de hoy en día. Pero la Intendencia es de otra opinión, ya que otorgó el permiso para que aquí se construya un horrible parador gigantesco de cemento, casi pronto para la inauguración a principios de abril. ¿Cuánto tiempo subsistirá? ¿Llegarán 250.000 personas aquí como a la Virgen de Verdún? ¡En Montevideo me enteraría de que la construcción fue otorgada por concurso y que uno de los puntos a considerar era la incorporación del edificio en el contorno natural! ¡Punto fallado totalmente! Unos escalones de concreto llevan hasta una lagunita, donde se junta el agua y donde varios de nuestros compañeros se bañaron.

Subimos nuevamente la escalinata y ayudamos a armar carpas del grupo, mientras que hubiera luz, porque la noche iba a ser iluminada por las estrellas y por la fogata nada más! A mí me aleccionó T., que a su vez acababa de aprender este oficio. Pero lo hicimos muy bien, porque ninguna tienda se voló en la noche, a pesar del fuerte viento. ¡Algunas carpas estaban aún mojadas por dentro! Resulta que las cinco carpas compradas por Agó poseen techo simple, es decir, que el vapor de la respiración se condensa en techo y paredes, y allí se queda. Juan se acordó en este momento de que J., que había tenido que retornar a Montevideo, le había prestado su carpa. Pero ¿cuál era? La había visto en su estuche algunos segundos y ahora estaban todas armadas. Tomamos posesión de una - con techo doble y ¡seca! - que nadie nos vino a disputar, así que debió ser la correcta. Como siempre Agó llegó en plena oscuridad de última y durmió bajo las estrellas y más tarde, ante el frío de la noche en la carpa militar. El grupito especial, claro está, desapareció en la camioneta y llegó en ella al día siguiente por las 11.30 h, rozagante, porque seguramente durmió cómodamente en camas y bajo techo.

Hacía mucho frío y nos sentamos en una ronda alrededor del fuego que estaba haciendo un empleado de la Intendencia para asar los innumerables chorizos. N. que no había comprendido que esta noche habría chorizada, había hecho su organización paralela: Había comprado harina y tomates para hacer unas pizzitas improvisadas, que nos vinieron muy bien de aperitivo. Luego, a través de Cocó, un hombre que desde hace 20 años tiene su puestito con refrescos delante del Penitente, había conseguido carne de asado y bebidas, como cerveza y coca cola en envase familiar. Habían fijado en $ 40,- el ticket para asado con papas a las brasas, cuando me enteré de que la chorizada era donación de la Intendencia de Lavalleja. ¿Qué necesidad había de que la Intendencia nos hiciese este regalo? ¿No hay en este departamento, como en tantos otros, niños en los merenderos que precisan leche y comida? ¿No lo oímos constantemente en los medios? Como me decían algunos: «Así anda nuestro país» o «es más interesante donarle a un grupo con buena prensa que a niños sin nombre y apellido». ¡Indignante! Pero igual nos comimos los chorizos que resultaron tantos que al mediodía siguiente exterminamos los restantes.

Ante esta división del grupo, que físicamente también quedaba clara por la disposición en lugares diferentes, cerca de dos fuegos distintos, Agó se dirigió a las separatistas. Fue tan hábil que las sentó en nuestra ronda y las hizo hablar de su experiencia particular en el Camino. Escuché lo que dijo la rebelde N.:

— A partir de ahora me quiero apartar de la vida material, quiero volcarme a la espiritual. — Y esta frase la repitió dos veces, demostrando así que era un pensamiento verdadero.

¡Ella, que siempre andaba vestida con musculosas y ropa apretada! Ella, que va diariamente a la gimnasia acuática de un lujoso hotel; ella, proprietaria de una empresa, emblema del capitalismo puro ¿será capaz de cambiar? Y ella, que en este grupo tomó el rol de capitana, ¿lo jugaría también en medio de otra gente? ¿Es tan buena organizadora como la ve E., o lo logró aquí por pura casualidad?

Agó logró reunir al grupo ante el fuego principal y se guardó parte de la carne que vino muy bien para el almuerzo del día siguiente a las 11.30 h en el mismo lugar. Por las 22.30 h nos acostamos en nuestra carpa, en donde dormí con pantalón y pulóver puesto y por primera vez sin frazada por encima del sobre de dormir. Pero no pasé frío alguno a pesar de que las fuertes ráfagas de viento hacían temblar la carpita indefensa. Algunos se quedaron despiertos hasta las tres de la mañana y otros gozaron del cielo estrellado como techo.

El jueves **27 de marzo**, Cocó nos preparó un no muy higiénico café con leche: ¡sí, hasta leche había traído! que acompañamos con pan a solas. Pero muy contentos estábamos, porque Agó nos había anunciado que aquí no habría desayuno, que había que proveerse de lo necesario en Minas, algo que yo había desechado para no tener que cargar los comestibles. ¡Y ahora la Providencia hasta una bebida caliente nos brindaba! Todo un lujo. Pero el verdadero lujo vendría a continuación: pregunté a Cocó dónde me podría asear sin exponerme a las miradas de los obreros presentes allí que estaban terminando la construcción del parador. Me explicó que el arroyito que lleva el agua al Penitente, más arriba de la caída, pero solo a cien metros de ella, formaba unas piletas de temperatura y profundidad muy agradables. Con la toalla y el jabón en la mano salimos Juan y yo a buscarlas. Encontramos el lugar y desnudos nos dimos un lindísimo baño, del cual a continuación gozaron muchos otros peregrinos alentados por nuestra descripción. Después de un descanso, del almuerzo por las 11.30 h con el resto de asado, de chorizo y de las papas, emprendimos por las 12.30 h nuestra última etapa de unos 15 km hasta **Villa Serrana**. Esta vez fuimos la mayor parte por un senderito ¡no por calle! Un camino muy romántico con un encuentro desagradable: ¡una enorme tarántula peluda moviéndose hacia mí que andaba descalza en la pelusa del pasto! ¡Pero a pesar de su aspecto terrible no son peligrosas!

Salimos a un camino de ripio con tráfico de camiones que iban y venían a las canteras. De una casita salían dos gauchos a caballo, acompañados por ocho perros y les preguntamos si íbamos bien para Villa Serrana. Uno de ellos, con cara de serio, nos comunicó que teníamos que volvernos unos tres kms y tomar hacia el otro lado. Yo me quedé helada. Eran las 15 h y ya teníamos que estar cerca de la meta. El otro gaucho miraba de costado para poder retener la risa. ¡Nos estaban cachando! ¡Sabían del peregrinaje y del sacrificio que significa cada km! Les pedimos que nos indicaran la forma de acortar hacia el pueblo.

— ¡Trampas, no! — nos contestan. Pero nos mostraron cómo bordear el monte de eucaliptus en la colina y bajar hacia el poblado. ¡Por fin un día en medio de la naturaleza! Mas, grande la desilusión, cuando llegamos a las postrimerías de Villa Serrana, a su barrio obrero, al recibir la información de que la escuela, punto de reunión para el grupo, ¡quedaba en la cima del monte que acabábamos de bajar! ¡No estábamos para emprender ninguna subida más! Eran las 16.30 pasadas, yo estaba sedienta de un rico

131

té que obtuve en un almacén ya que el restorán quedaba lejos y sobre todo, ¡en otra cima! Sentados bajo un alero gozamos la infusión, lo último que tomé ese día antes de llegar a Montevideo. En estas caminatas hay que aceptar lo que venga porque ¡uno no sabe si el destino nos va a deparar otra oportunidad!

La almacenera sabía del peregrinaje y también que la fiestita de despedida con banda municipal y bailecitos criollos tendría lugar delante de la represa. Nos indicó cómo llegar a ella y también dónde se encuentra la casa de Agó. Justo cuando estábamos en búsqueda de esta, tropezamos con viejos conocidos de los primeros días, los D. Como otros peregrinos del comienzo que habían tenido que marcharse por trabajo u otras causas, habían venido con la finalidad de participar ahora en la clausura de la primera etapa. M. me inspeccionó la cara y constató por segunda vez que la cura progresaba bien. No nos detuvimos largamente a charlar porque pensábamos verlos luego en la fiesta, aunque desgraciadamente no los vimos más. En todo caso, para nosotros se cerraba el círculo: compañeros agradables del primer día se nos aparecieron como por arte de magia en un caminito solitario y escondido. ¡Había un poder más allá que quería fuertemente que pudiésemos vernos antes de la partida!

Encontramos la propiedad de Agó aunque está muy resguardada de las miradas detrás de los árboles, y continuamos a la represa en el centro de este pueblo que consiste en casas dispersas y que recuerda una población suiza. Tiene un encanto especial.

Por las 18.30, muy puntual, llega nuestro grupo cantando y llevando una virgencita de terracota realizada por un artista de Salto. Antonio nos canta el texto acortado de la epístola del amor y formamos un gran círculo tomados de la mano, la derecha hacia arriba para recibir, la izquierda hacia abajo para dar. Agó nos insta a decir en voz alta o silenciosamente un pedido. Algunos callan, muchos piden paz, concordia, amor, tolerancia, yo pido: — ¡Por los niños, como estos que están parados aquí! — porque se había formado un pequeño grupito de chiquilines detrás de mí que miraba con grandes ojos de asombro lo que hacían los grandes. Agó entonces los invitó a integrarse a nuestra ronda. Juan dijo unas palabras muy verdaderas que fueron acogidas con una gran exclamación de aprobación del grupo: — ¡Haz bien y no mires a quién! — palabras sencillas que en este camino habían quedado demasiado olvidadas. Terminadas nuestras plegarias, la gente se abrazó y, como la banda municipal no llegaba, comenzaron las partidas. Algunos obtuvieron un asiento en algún auto, otros querían irse en el autobús contratado, pero del que no se confiaba que llegase. Nosotros podíamos regresar a Montevideo esa noche, solo si llegábamos allá antes de las 22.30, hora de la última partida de un bus para Libertad. Yo pensaba que si nos quedábamos, tendríamos que luchar por el hospedaje, el transporte hasta el hotel — Villa Serrana no consta de muchas casas y además se hallan muy distantes entre sí —, la cena, el desayuno y luego el retorno a Montevideo, eventualmente a través de Minas. ¡Quería partir! ¡Y me salió! En realidad, le hablé al conductor de una camionetita blanca cerrada para pedirle que nos arrimase al almacén, donde me habían dicho que llevaban pasajeros hasta la ruta por $ 80,-. Pero este señor resultó ser el esposo de A. que me dice: — Perdona, no te presenté a mi marido. — ¡Santa salvación! Se ofrecieron a llevarnos hasta Minas a tomar el autobús, de modo que nos despedimos rápidamente, tomamos nuestras cosas y nos sentamos, yo en unos almohadones en el piso y Juan en una silla de madera, al igual que Carmen que ¡también viajaba aquí! De este modo se nos cerró el círculo del peregrinaje como había comenzado: ni habíamos participado en la celebración del comienzo ni en aquella del final.

Nuestro chofer nos ofreció, claro está, llevarnos hasta Punta de Rieles a la entrada de **Montevideo**, de donde ellos proseguían para La Paz. Por las 21 h nos bajamos y enseguida nos subimos a un ómnibus que nos llevó hasta Tres Cruces. Aquí saqué los billetes para nuestro autobús y todavía tuve tiempo de hacer las compras esenciales de leche, fiambre, etcétera en el Tata, supermercado que ya estaba cerrando cuando pasé a pagar por la caja. Compartí una cerveza bien fría con Juan, nos subimos a la Cita y … ¡nos quedamos dormidos! Si Juan no se hubiera despertado por casualidad a la entrada de **Libertad** ¡quién sabe si no terminábamos en San José!

Nos bajamos volando y caminamos los treinta metros hasta el garaje de D., donde nos esperaba nuestra fiel camioneta. En casa acomodamos las compras, me tomé una ducha ¡fría! y al día siguiente me puse a ordenar las cosas en la casa, pero ¡caminaba como un zombi! Tardé dos o tres días en estar totalmente repuesta. ¿Cómo haría la gente que tuvo que volver a trabajar el viernes mismo? ¡Los admiro!

Pero como en realidad el Camino no acaba nunca, unas pequeñas anécdotas para finalizar:

En La Paulina, en la mañana, cuando se inauguró la plaqueta conmemorativa del primer peregrinaje, en este acto solemne, Agó y su compañera V. nombraron peregrinos a los dueños de la pulpería y en señal de ello le entregaron al matrimonio las estrellitas de mar, símbolo del peregrino del Camino al Interior. Como allí también estaba presente la hijita de unos ocho años que había pasado la noche en la misma habitación que nosotros y que estaba vestida con su ponchito azul al igual que sus padres — otra integrante formal pues del grupo de los donadores de la plaqueta —, yo le dije a V.: — ¿No tienen una estrellita para la nenita también? ¡Mirale los ojos enormes que está poniendo! — Me contesta: — Es que no tengo ninguna más, yo ya entregué la mía. — Toma la mía, pues — le respondí, quitándomela del cuello y contando con que más tarde durante el peregrinaje me entregarían otra. Pero terminé la etapa sin que me repusieran la estrellita. Volví a casa y constaté que allí me esperaba una, igual a las empleadas por Agó para los peregrinos. La habíamos comprado hacía cuatro meses en el Museo del Mar en Punta del Este. ¿En previsión del peregrinaje? ¡En todo caso, allí estaba aguardándome, recibiéndome, acogiéndome!

A los pocos días le escribí una carta a mi vieja amiga francesa Chantal, a quien me recordaba Cr. y a quien, al despedirnos, Cr. — sin conocerla — había mandado saludos ¡de una forma muy significativa! En el correo compré las dos estampillas de $ 12,- y al pegarlas me llama la atención lo representado en ellas: hay un enorme sol multicolor en cada una, y la empleada que las observa de costado me dice: — Son de Carlos Páez Vilaró. Aquí lo dice. — Tomo de nuevo el sobre y compruebo que tiene razón. ¡No podía ser de otra forma!

El miércoles, de la reunión en casa de Esther, realizada para que nosotros relatemos las experiencias del Camino, me llevé prestado un libro de interpretación de las parábolas de Jesucristo. Con Juan lo leemos y llegamos a la conclusión de que en realidad el tema básico en todas ellas es el Amor de Dios por nosotros los humanos y el amor que debemos sentir y volcar en hechos para los demás, algo que nos ha de resultar muy difícil porque los evangelistas lo repiten sin cesar de distintas formas. ¿Por qué no leímos esto antes de hacer el Peregrinaje? ¿No fue el mismo contenido de la epístola de San Pablo leída por mi marido en el Verdún? ¿No habíamos vivido acaso durante el peregrinaje las palabras de Cristo, el constante intento del ser humano de amar incondicionalmente a su prójimo?

¿Hasta dónde nos va a acompañar el Camino?